기술직공무원 전공모의고사

합격해

vol.1

화 학

최종모의고사 ⑩

기술직공무원 전공모의고사

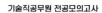

합격해
vol.1
화 학
최종모의고사 ⑩

2판 1쇄 2024년 10월 10일

편저자_ 김병일
발행인_ 원석주
발행처_ 하이앤북
주소_ 서울시 영등포구 영등포로 347 베스트타워 11층
고객센터_ 1588-6671
팩스_ 02-841-6897
출판등록_ 2018년 4월 30일 제2018-000066호
홈페이지_ gosi.daebanggosi.com

ISBN_ 979-11-6533-507-6

정가_ 11,000원

기술직 공무원 시험을 준비하는 분들의 고민들 중 하나가 바로 제대로 된 문제집을 선택하는 것입니다. 수험생 여러분의 이러한 고충을 지켜보면서 적중률에 완벽을 기하면서도 핵심적인 내용으로 구성된 문제집을 만들고자 부단히 노력하였습니다.

본교재의 특징은 다음과 같습니다.

1. 출제경향을 반영한 기출동형 모의고사

출제빈도가 높았던 영역과 앞으로 출제 가능성이 높은 부분을 중심으로, 기출의 유형을 최대한 반영한 문제들로 구성하여 스스로 모의시험을 치를 수 있도록 연구하였습니다. 또한 권말의 OMR 답안지를 활용하여 최대한 실제 시험과 같은 환경에서 문제를 풀어보기를 권합니다.

2. 충분한 문제풀이 연습

총 10회의 모의고사를 실어 충분한 문제풀이 연습을 할 수 있도록 하였습니다. 이 책은 시험을 목전에 둔 수험생들에게는 그동안 공부한 내용을 마무리 지을 수 있는 마침표가 될 것입니다. 또한 새로 공부를 시작하는 수험생들에게도 시험의 경향을 파악하고 본인의 실력을 가늠해 볼 수 있는 좋은 길잡이가 될 것입니다.

3. 이해 중심의 확실한 해설

문제 해결 방법을 익힐 수 있도록 이해 중심의 확실한 해설을 수록하였습니다. 틀리지 않은 문제일지라도 해설을 확인한 후 자신이 생각했던 것과 풀이한 내용이 일치하는지 확인하여야 하고, 틀린 문제의 경우 바로 해설을 확인하지 말고 스스로 정답을 다시 찾아본 후 해설을 확인하여 이후에 유사한 문제를 접했을 때 충분히 대비할 수 있도록 해야 합니다.

본 문제집은 인생의 터닝 포인트에 서 있는 여러분의 간절함과 긴박함을 돕고 싶은 마음의 표현이기도 합니다. 무엇보다 뜨거운 열정으로 합격이라는 도착점에 도달할 때까지 길고 긴 여정을 묵묵히 걸어가는 수험생 여러분들께 진심 어린 격려의 박수를 아낌없이 보내 드리며, 건승하시길 진심으로 바랍니다.

'전공모의고사 합격해' 저자 일동

Overview
구성과 특징

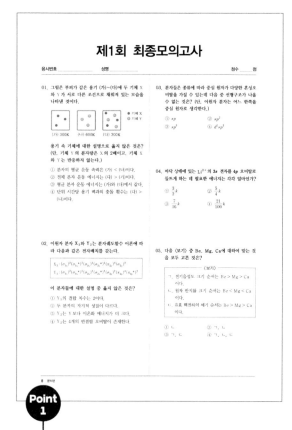

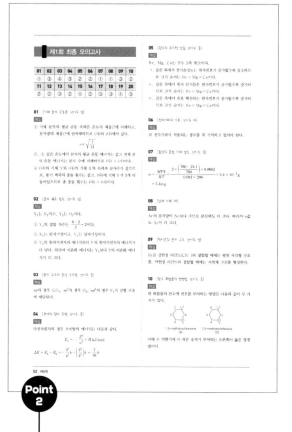

Point 1
출제경향을 반영한 기출동형 모의고사!

과년도 출제경향을 꼼꼼히 분석하여
기출동형으로 구성한 모의고사 문제집입니다.
출제가능성이 높고 핵심적인 문제들로
구성하였습니다.

Point 2
이해중심의 확실한 해설!

이해 중심의 확실한 해설로
문제 해결 방법과 전략을 익힐 수 있고
틀린 문제의 원인을 확실하게 파악하고
넘어갈 수 있도록 집필하였습니다.

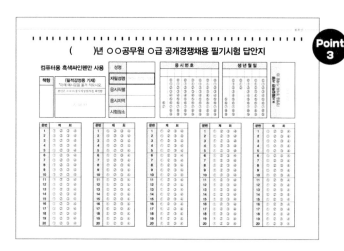

Point 3
답안지 작성 연습까지 완벽하게!

공무원 시험은 시간 배분이 중요합니다.
권말에 수록한 OMR 답안지를 활용하여
실전과 같은 시험시간 안에
답안지 작성 연습까지 진행하세요.

Contents
차례

OMR 답안지

합격해

화학

전공모의고사
vol.1

문제편

제1회 최종모의고사

응시번호 ＿＿＿＿＿＿＿＿＿＿　　성명 ＿＿＿＿＿＿＿＿＿　　　점수 ＿＿＿＿점

---

01. 그림은 부피가 같은 용기 (가)~(다)에 두 기체 X 와 Y가 서로 다른 조건으로 채워져 있는 모습을 나타낸 것이다.

(가) 300K　　(나) 600K　　(다) 300K

● 기체 X
● 기체 Y

용기 속 기체에 대한 설명으로 옳지 않은 것은? (단, 기체 Y의 분자량은 X의 2배이고, 기체 X 와 Y는 반응하지 않는다.)

① 분자의 평균 운동 속력은 (가) < (나)이다.
② 전체 분자 운동 에너지는 (다) > (가)이다.
③ 평균 분자 운동 에너지는 (가)와 (다)에서 같다.
④ 단위 시간당 용기 벽과의 충돌 횟수는 (다) > (나)이다.

02. 이원자 분자 X_2와 Y_2는 분자궤도함수 이론에 따라 다음과 같은 전자배치를 갖는다.

$$X_2 : (\sigma_{1s})^2(\sigma_{1s}{}^*)^2(\sigma_{2s})^2(\sigma_{2s}{}^*)^2(\pi_{2p})^4(\sigma_{2p})^2$$
$$Y_2 : (\sigma_{1s})^2(\sigma_{1s}{}^*)^2(\sigma_{2s})^2(\sigma_{2s}{}^*)^2(\sigma_{2p})^2(\pi_{2p})^4(\pi_{2p}{}^*)^2$$

이 분자들에 대한 설명 중 옳지 않은 것은?

① Y_2의 결합 차수는 2이다.
② 두 분자의 자기적 성질이 다르다.
③ Y_2는 Y보다 이온화 에너지가 더 크다.
④ Y_2는 4개의 반결합 오비탈이 존재한다.

03. 분자들은 종류에 따라 중심 원자가 다양한 혼성오비탈을 가질 수 있는데 다음 중 선형구조가 나올 수 없는 것은? (단, 이원자 분자는 어느 한쪽을 중심 원자로 생각한다.)

① sp　　　　　　② sp^2
③ sp^3　　　　　④ d^2sp^3

04. 바닥 상태에 있는 Li^{2+}의 $3s$ 전자를 $4p$ 오비탈로 들뜨게 하는 데 필요한 에너지는 각각 얼마인가?

① $\dfrac{3}{2}k$　　　　② $\dfrac{5}{4}k$
③ $\dfrac{7}{16}k$　　　④ $\dfrac{21}{100}k$

05. 다음 〈보기〉 중 Be, Mg, Ca에 대하여 맞는 것을 모두 고른 것은?

〈보기〉
ㄱ. 전기음성도 크기 순서는 Be > Mg > Ca 이다.
ㄴ. 원자 반지름 크기 순서는 Be < Mg < Ca 이다.
ㄷ. 유효 핵전하의 세기 순서는 Be > Mg > Ca 이다.

① ㄴ　　　　　　② ㄱ, ㄴ
③ ㄱ, ㄷ　　　　④ ㄱ, ㄴ, ㄷ

---

06. 원자가전자의 전이와 관련된 전자기파는?

① X선   ② 자외선
③ 적외선   ④ 마이크로파

07. 25℃, 1기압에서 물을 전기 분해하여 생성되는 수소 기체를 수상 치환하여 기체 수집관에 68.2mL를 모았다. 생성된 수소 기체는 몇 mg인가? 소수 첫째 자리까지 구하여라. (단, 25℃에서 수증기압은 24.1mmHg이다.)

① 5.4mg   ② 6.4mg
③ 8.9mg   ④ 12.7mg

08. 이상 기체 상태방정식을 실제 기체에 맞게 보정한 반데르발스식은 보정 상수 a와 b를 포함한다.

$$P = \frac{nRT}{(V-nb)} - a\left(\frac{n^2}{V^2}\right)$$

다음 설명 중 옳지 않은 것은?

① Ne의 a값이 Ar의 a값보다 크다.
② 액체 상태 몰부피가 큰 분자일수록 b값이 크다.
③ CCl_4의 b값이 CH_4의 b값보다 크다.
④ 분자량이 같을 때 극성이 큰 분자일수록 a값이 크다.

09. $[Ni(L:)_4]^{2-}$는 평면 사각형 구조이다. 이 착이온이 평면 사각형 구조가 되기 위한 적당한 리간드 (L:)에 해당하는 것은?

① F^- ② NH_3
③ CN^- ④ H_2O

10. IUPAC 명명법에 의한 다음 화합물의 명칭은?

① 1,2−methylcyclohexane
② 1,3−methylcyclohexane
③ 1,4−methylcyclohexane
④ 1,5−methylcyclohexane

11. 다음은 탄소 화합물 (가) ~ (라)의 구조식이다.

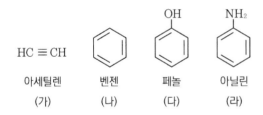

(가) ~ (라)에 대한 설명으로 옳은 것은?

① 탄소 사이의 결합 길이는 (가) > (나)이다.
② (나)와 (다)의 완전 연소 생성물은 같다.
③ 물에 녹아 산성을 나타내는 것은 3개이다.
④ 적갈색의 브롬수를 탈색시키는 것은 2개이다.

12. 다음 〈보기〉의 산화물 중에서 산성 산화물은 몇 개인가?

〈보기〉			
Na_2O	CO_2	CO	NO_2
MgO	Cl_2O_7	ZnO	NO

① 2개   ② 3개
③ 4개   ④ 5개

13. 다음 수소 결합의 세기를 크기가 증가하는 순서대로 올바르게 나열한 것은?

> a. O−H ‥‥‥ :O−H
> b. O−H ‥‥‥ :N−H
> c. N−H ‥‥‥ :O−H
> d. N−H ‥‥‥ :N−H

① c > d > a > b
② c > d > b > a
③ b > a > d > c
④ b > a > c > d

14. CN^-의 결합 차수와 자기성을 옳게 나타낸 것은?

	결합 차수	자기성
①	3	상자기성
②	3	반자기성
③	2	상자기성
④	2	반자기성

15. 다음은 2주기 바닥상태 원자 X ~ Z에 대한 자료이다.

> • X, Y, Z는 홀전자 수가 같다.
> • 제1이온화 에너지는 X가 가장 크다.
> • 제2이온화 에너지는 Z가 가장 크다.

전기 음성도를 옳게 비교한 것은? (단, X ~ Z는 임의의 원소 기호이다.)

① X > Y > Z   ② X > Z > Y
③ Y > Z > X   ④ Z > X > Y

16. 중성 상태를 유지하기 위해서 H_2CO_3와 $NaHCO_3$로 완충 용액을 만들었다. H_2CO_3의 K_{a_1}이 4.3×10^{-7}이라면 $\dfrac{[HCO_3^-]}{[H_2CO_3]}$ 비율을 얼마로 맞춰야 하는가?

① 0.43   ② 4.3
③ 8.6   ④ 43

17. 다음 염의 액성을 옳게 짝지은 것은?

> ㉠ $NaHSO_4$ ㉡ $KHCO_3$
> ㉢ NaH_2PO_4 ㉣ K_2HPO_4

	㉠	㉡	㉢	㉣
①	산성	염기성	염기성	염기성
②	염기성	산성	산성	염기성
③	산성	염기성	산성	염기성
④	염기성	염기성	산성	염기성

18. 다음 중 어떤 금속의 표준환원전위($E°$)가 상대적으로 작을 때의 설명이 아닌 것은?

① 산화되기 쉽다.
② 이온화 경향이 크다.
③ 갈바니 전지(Galvanic cell)에서 (+)극이 된다.
④ 환원력이 크다.

19. 다음 중 산소 원자와 산소 기체의 표준 생성엔탈피값이 맞게 연결된 것은?

	$\Delta H_f{}^\circ(\text{O, g})$	$\Delta H_f{}^\circ(\text{O}_2\text{, g})$
①	+	0
②	−	0
③	0	+
④	0	−

20. 자발적 반응에 대한 다음 설명 중 옳은 것은?

① 자발적 반응은 항상 빠르다.
② 자발적 반응에서 계의 엔트로피는 항상 증가한다.
③ 정반응이 비자발적이면 역반응은 항상 자발적이다.
④ 비자발적 반응은 온도를 변화시켜도 자발적 반응이 될 수 없다.

제2회 최종모의고사

01. 광화학 반응을 통해 질소의 삼중 결합(결합 에너지 = 941kJ/mol)을 끊을 때 필요한 빛의 최대 파장은 어느 영역인가?

① 마이크로파   ② 적외선

③ 자외선   ④ 감마선

02. 어떤 원소 X의 염화물인 XCl_3는 무극성 물질이다. 이 염화물의 분자 모양으로 예측되는 것은?

① 굽은 구조
② 평면 삼각형 구조
③ 삼각뿔 구조
④ 사면체 구조

03. 다음 중 산성과 환원성을 동시에 갖는 분자는?

① CH_3COOH
② CH_3COCH_3
③ $HCOOH$
④ C_2H_5CHO

04. 다음 두 화합물 A, B에 대한 설명 중 옳은 것을 모두 고르면?

A: $H_3C-\underset{\underset{CH_3}{|}}{\overset{\overset{CH_3}{|}}{C}}-CH_3$

B: $H_3C-\underset{H_2}{C}-\underset{H_2}{C}-CH_3$

A   **B**

가. 화합물 A의 끓는점이 화합물 B보다 높다.
나. 화합물 A와 B는 이성질체이다.
다. 두 화합물 모두 수소결합이 가능하다.

① 나   ② 가, 나
③ 나, 다   ④ 가, 다

05. 다음은 Cu(흰색 구)와 Au(검은색 구)로 이루어진 합금의 단위세포 구조를 나타낸 것이다. 이 합금의 화학식은?

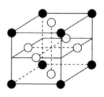

① $CuAu$ ② Cu_3Au
③ Cu_3Au_4 ④ Cu_4Au_3

06. 다음 화학 반응식은 오염화인(PCl_5)이 이산화황(SO_2)과 반응할 때의 화학 반응식이다.

$$PCl_5 + SO_2 \rightarrow POCl_3 + SOCl_2$$

이 반응에 대한 설명으로 옳은 것은?

① P의 산화수가 달라지는 반응이다.
② $SOCl_2$는 평면 삼각형의 분자 구조를 가진다.
③ 반응물과 생성물에는 무극성 화합물이 2개 있다.
④ 중심 원자가 sp^3혼성궤도함수를 가진 화합물이 2개 있다.

07. 다음은 평형상수 K에 대한 설명이다. 틀린 것은 어느 것인가?

① K=1이면 평형상태에서 반응물과 생성물의 농도가 비슷하다.
② K가 매우 작을 때에는 매우 적은 양의 생성물만이 형성된다.
③ K값이 크다는 것은 반응이 빨리 진행된다는 것이다.
④ K가 매우 클 때에는 반응은 거의 생성물 쪽으로 완결되어 진행된다.

08. 다음 착화합물 중 흡수되는 에너지의 파장이 가장 긴 것은?

① $[Co(NH_3)_5Br]^{2+}$
② $[Co(NH_3)_5(H_2O)]^{3+}$
③ $[Co(NH_3)_5Cl]^{2+}$
④ $[Co(NH_3)_4Cl_2]^+$

09. KCl(s)을 물에 녹일 때 용해열은 17.2kJ/mol이고, KCl(s)의 격자에너지(lattice energy)는 701.2kJ/mol이다. 다음 반응의 엔탈피 변화는?

$$K^+(g) + Cl^-(g) \rightarrow K^+(aq) + Cl^-(aq)$$
$$\Delta H^\circ = ?$$

① 718kJ
② 684kJ
③ −684kJ
④ −718kJ

10. 온도가 400K이고 질량이 6.00kg인 기름을 담은 단열 용기에 온도가 300K이고 질량이 1.00kg인 금속공을 넣은 후 열평형에 도달했을 때, 금속공의 최종 온도[K]는?(단, 용기나 주위로 열 손실은 없으며, 금속공과 기름의 비열[J/(kg·K)]은 각각 1.00과 0.50으로 가정한다.)

① 350
② 375
③ 400
④ 450

11. 온도를 증가시켰을 때, 기체의 분자속도에 따른 분자 수의 분포의 변화를 설명한 것 중 옳지 않은 것은?

① 가장 빈도수가 높은 분자속도의 크기가 증가한다.
② 가장 빈도수가 높은 분자속도를 갖는 분자들의 수가 증가한다.
③ 분자들의 평균속도가 증가한다.
④ 분자속도의 분포가 더 넓어진다.

12. 원자번호가 15인 인(P)의 바닥상태의 전자배치는 $1s^2 2s^2 2p^6 3s^2 3p^3$이다. 이 원소에 대한 설명으로 옳지 않은 것은?

① 원자가전자가 5개이다.

② 질소(N)보다 전기음성도가 작다.

③ 수소와 결합하여 PH_3를 만들 수 있다.

④ 인(P)의 산소산인 H_3PO_4와 H_3PO_3는 둘 다 3가 산이다.

13. 반응 속도와 에너지에 대한 다음 설명 중 옳지 않은 것은?

① 흡열 반응에서 생성물의 에너지는 반응물의 에너지보다 높다.

② 정촉매는 정반응의 속도를 빠르게 한다.

③ 반응 속도식의 전체 반응 차수는 반응 단계의 수와 같다.

④ 반응 속도 상수는 반응물 농도의 영향을 받지 않지만 온도에 따라 달라진다.

14. 다음 단일반응(elementary reaction)에서 pH 13과 pH 14에서의 반응 속도의 비는?

$$CH_3OH + OH^- \rightarrow CH_3O^- + H_2O$$

① 1 : 10

② 13 : 14

③ 1 : 1

④ 10 : 1

15. 어떤 온도에서 다음 반응의 평형 상수는 9이다. (단, X와 Y는 임의의 원소이다.)

$$X_2(aq) + Y_2(aq) \rightleftarrows 2XY(aq)$$

X_2, Y_2, XY를 각각 1.0몰씩 넣어 10.0L 수용액을 만들고, 평형에 도달하게 하였다. 평형에서 $XY(aq)$의 농도(M)를 계산한 것으로 옳은 것은?

① 0.14

② 0.16

③ 0.18

④ 0.20

16. 다음 화학 반응의 평형을 생성물이 더 많이 생기는 방향으로 이동시키는 변화는?

$$3NO(g) \rightleftarrows N_2O(g) + NO_2(g) \qquad \Delta H < 0$$

① 부피나 온도 변화 없이 $NO_2(g)$를 첨가한다.

② 평형 혼합물의 부피를 일정하게 하고 가열한다.

③ 온도 변화 없이 평형 혼합물의 부피를 감소시킨다.

④ 부피 변화 없이 평형 혼합물에 Ar 기체를 첨가한다.

17. 아래 식들은 약산(HA)으로부터 완충 용액을 만드는데 중요한 Henderson – Hasslbalch식이다. 옳은 것은?

① $pH = \log pKa + \log[HA]/[A]$

② $pH = pKa + \log[HA]/[A]$

③ $pH = -\log Ka$

④ $pH = pKa + \log[A^-]/[HA]$

18. 25℃에서 아세트산나트륨(CH_3COONa) 0.1몰
과 아세트산 0.1몰을 증류수에 용해하여 1L 용액
을 만들었다. 이 용액에 0.02몰의 염화수소를 녹
였을 때 용액의 pH는 얼마인가? (단, 아세트산
(CH_3COOH)의 이온화 상수는 $K_a = 1.0 \times 10^{-5}$
이고, $\log 2 = 0.30$, $\log 3 = 0.48$이다.)

① 3.82 ② 4.42
③ 4.82 ④ 5.18

19. 다음 전지의 전압이 25℃에서 0.807 V 일 때
$E°_{cell}$은 얼마인가?

$$Fe(s) \,|\, Fe^{2+}(aq, \ 0.0010\,M) \,\|$$
$$Cu^{2+}(aq, \ 0.10\,M) \,|\, Cu(s)$$

① 0.629V ② 0.689V
③ 0.748V ④ 0.832V

20. 반쪽 전지 $Al^{3+}(1M)/Al$과 $Zn^{2+}(1M)/Zn$을
이용하여 전지를 만들면, 이 전지의 기전력은
0.91V가 된다. $Zn^{2+}(1M)/Zn$반쪽 전지의 표준
환원 전위가 −0.76V이며, Al 전극에서 산화가 일
어난다면, Al^{3+}/Al 반쪽 전지의 환원 전위는?

① 0.15V ② −0.15V
③ 1.67V ④ −1.67V

제3회 최종모의고사

01. 순도가 80%인 황화철(II) 22.0g에 충분한 양의 염산을 가하여 얻을 수 있는 황화수소의 표준상태에서의 부피는 얼마인가? (단 원자량은 Fe = 56.0, S = 32.0)

① 2.24L ② 3.36L

③ 4.48L ④ 11.2L

02. 다음은 Cu조각을 묽은 질산에 넣을 때 일어나는 산화환원 반응의 알짜 이온 반응식을 나타낸 것이다.

$$Cu + 2NO_3^- + 4H^+ \rightarrow Cu^{2+} + 2NO_2 + 2H_2O$$

위 반응에 대한 설명으로 옳은 것을 다음 〈보기〉에서 모두 고르면? (단, Cu의 원자량은 64이다.)

〈보기〉
ㄱ. Cu는 산화제로 사용되었다.
ㄴ. Cu 1몰이 반응할 때 이동한 전자는 2몰이다.
ㄷ. N의 산화수는 +5에서 +4로 감소하였다.
ㄹ. 구리 0.64g이 모두 반응하였을 때, 발생하는 NO_2의 부피는 표준 상태에서 0.224L이다.

① ㄱ, ㄴ ② ㄱ, ㄷ
③ ㄱ, ㄹ ④ ㄴ, ㄷ

03. 그림은 1~17족에 속하는 2주기 원소에 대한 원자 반지름과 1차 이온화 에너지의 관계를 나타낸 것이다.

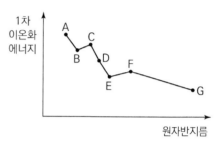

이에 대한 설명으로 옳은 것은? (단, A~G는 임의의 원소 기호이다.)

① B는 A보다 음이온이 되기 쉽다.
② C는 D보다 원자가전자수가 많다.
③ 원자번호가 가장 큰 원소는 G이다.
④ 이온화 에너지가 작을수록 원자 반지름은 크다.

04. 표는 원소 X와 Y로 이루어진 세 가지 물질에 대한 자료이다.

물질	XY_2	XY_3	XY_4^{2-}
총 전자수	32	40	(가)

이에 대한 설명으로 옳은 것을 〈보기〉에서 모두 고른 것은? (단, X와 Y는 임의의 원소 기호이다.)

〈보기〉
ㄱ. (가)는 50이다.
ㄴ. X의 원자번호는 8이다.
ㄷ. XY_2는 무극성 분자이다.

① ㄱ ② ㄴ
③ ㄱ, ㄷ ④ ㄴ, ㄷ

05. NO 기체와 Br_2 기체로부터 NOBr 기체가 형성되는 반응에 대하여 두 단계 메커니즘이 다음과 같이 제시되었다.

$NO(g) + Br_2(g) \rightleftharpoons NOBr_2(g)$	빠름
$NOBr_2(g) + NO(g) \rightarrow 2NOBr(g)$	느림

이 반응 메커니즘에 대한 설명으로 옳은 것을 모두 고르면?

〈보기〉

ㄱ. 전체 반응식:
   $2NO(g) + Br_2(g) \rightarrow 2NOBr(g)$
ㄴ. 반응 속도식: $v = k[NO]^2[Br_2]$
ㄷ. 중간체: NOBr
ㄹ. 속도 결정 단계:
   $NO(g) + Br_2(g) \rightleftharpoons NOBr_2(g)$

① ㄱ 　　　　② ㄱ, ㄴ
③ ㄴ, ㄷ 　　　④ ㄷ, ㄹ

06. 그래프는 1기압에서 일정량의 물질 X의 온도 변화에 따른 부피를 나타낸 것이다.

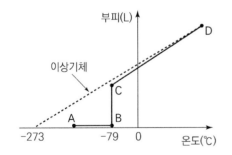

X에 대한 설명으로 옳은 것을 〈보기〉에서 모두 고르면? (단, 이 물질의 삼중점은 5.1기압, $-58.1℃$ 이다.)

〈보기〉

ㄱ. 점 A에서의 밀도는 D보다 크다.
ㄴ. 구간 BC에서는 기화가 일어난다.
ㄷ. 구간 CD에서는 온도가 올라갈수록 분자 사이의 인력이 증가한다.

① ㄱ 　　　　② ㄷ
③ ㄱ, ㄴ 　　　④ ㄴ, ㄷ

07. 〈보기〉는 분자간 인력의 크기에 따라 나타나는 몇 가지 현상이다.

〈보기〉

ㄱ. 아세트산(CH_3COOH)은 두 분자가 한 개의 분자처럼 되는 이합체를 만든다.
ㄴ. 요오드(I_2) 고체를 가열하면 승화되어 기체가 된다.
ㄷ. 물(H_2O)은 분자량이 비슷한 다른 물질보다 훨씬 높은 온도에서 끓는다.
ㄹ. 염화수소(HCl)는 브롬화수소(HBr)보다 낮은 온도에서 끓는다.

위의 현상 중 수소 결합으로 인해 나타난 것을 고르면?

① ㄱ, ㄴ 　　　② ㄱ, ㄷ
③ ㄴ, ㄷ 　　　④ ㄴ, ㄹ

08. 다음 그림은 금속 원소 A와 비금속 원소 B로 이루어진 물질의 결정 구조를 나타낸 것이다. 이 물질에 대한 〈보기〉 설명 중 옳은 것을 모두 고르면? (단, 임의의 원소 기호이다.)

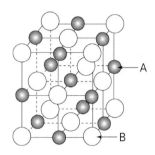

〈보기〉

ㄱ. A와 B는 이온 상태로 결합되어 있다.

ㄴ. 작은 충격으로 쉽게 부스러진다.

ㄷ. 고체 상태에서 전류가 잘 통한다.

① ㄱ   ② ㄷ

③ ㄱ, ㄴ   ④ ㄴ, ㄷ

09. 다음은 기체 A, B, C의 질량, 분자수, 부피(0℃, 1기압)를 조사한 자료이다.

기체	화학식량	질량 (g)	분자수 (개)	부피 (L)
A	16	16	( )	( )
B	32	( )	3.01×10^{23}	( )
C	64	( )	( )	2.24

위 표에 대한 〈보기〉의 설명 중 옳은 것을 모두 고른 것은?

〈보기〉

ㄱ. A의 질량보다 B의 질량이 크다.

ㄴ. A의 분자수가 C의 분자수보다 많다.

ㄷ. B의 몰 수가 C의 몰 수보다 크다.

ㄹ. 0℃, 1기압에서 부피 A가 B보다 크다.

① ㄱ, ㄴ   ② ㄴ, ㄷ

③ ㄷ, ㄹ   ④ ㄴ, ㄷ, ㄹ

10. 다음 세 가지 화합물에 대한 설명으로 옳지 않은 것은?

(가) NH_4NO_3 (나) $NaHCO_3$

(다) $Ca(OH)_2$

① (가)는 강한 산과 약한 염기의 중화 반응에 의해 생성되었다.

② (나)는 H^+을 가지고 있으므로 산성염이다.

③ (나)를 물에 녹이면 $[H^+] < [OH^-]$이 된다.

④ (가), (나), (다) 모두 물에 녹이면 같은 액성을 가진다.

11. 다음 각 조합의 양자수 중 수소 원자가 가질 수 없는 것은 어느 것인가?

① $n=2$, $l=1$, $m_1=-1$

② $n=1$, $l=1$, $m_1=0$

③ $n=8$, $l=7$, $m_1=-6$

④ $n=1$, $l=0$, $m_1=2$

12. 다음 중 산화－환원 반응이 아닌 것은?

① $4HNO_3 \rightarrow 2H_2O + 4NO_2 + O_2$

② $SO_3 + H_2O \rightarrow H_2SO_4$

③ $4NH_3 + 5O_2 \rightarrow 4NO + 6H_2O$

④ $Fe^{2+} + NO_3^- + 2H^+$
$\rightarrow Fe^{3+} + NO_2 + H_2O$

13. Benzene의 몰분율이 0.4인 Benzene – Toluene 혼합용액(이상용액으로 가정)이 30℃에서 증기상 (vapor phase)과 평형을 이루고 있을 때 증기상에서의 Benzene의 몰분율을 구하라. (30℃에서 순수한 Benzene과 Toluene의 증기압은 각각 120Torr와 40Torr이다.)

① 0.33   ② 0.67

③ 0.75   ④ 0.86

14. 0.10M 디에틸아민($C_4H_{10}NH$) 수용액의 pH는 얼마인가? (단, $C_4H_{10}NH$ $K_b = 1.0 \times 10^{-3}$)

① 9.0   ② 10.0

③ 11.0   ④ 12.0

15. 다음은 평형상수 K에 대한 설명이다. 옳지 못한 것은?

① K값이 크다는 것은 반응이 빨리 진행된다는 것이다.

② K = 1이면 평형상태에서 반응물과 생성물의 농도가 비슷하다.

③ K가 매우 작을 때에는 매우 적은 양의 생성물만이 형성된다.

④ K가 매우 클 때에는 반응은 거의 생성물 쪽으로 완결되어 진행된다.

16. 다음 중 이온반지름의 대소 관계가 틀린 것은?

① $Na > Na^+$ ② $Cl^- > Cl$

③ $Cl^- > K^+$ ④ $Na > K$

17. 황화수소와 탄산이온의 산·염기 반응식은 다음과 같다.

$$H_2S + CO_3^{2-} \rightleftharpoons HS^- + HCO_3^-$$

그리고 H_2S와 HCO_3^-의 이온화 상수(Ka)는 다음과 같다.

H_2S의 Ka=1.0×10^{-7},
HCO_3^-의 Ka=4.7×10^{-7}

다음 설명 중 옳지 않은 것은?

① 역반응이 우세하게 진행된다.

② H_2S의 짝염기는 HCO_3^-이다.

③ 산의 세기는 $H_2S < HCO_3^-$이다.

④ 염기의 세기는 $HS^- > CO_3^-$이다.

18. 다음 중 O_2^{2-}의 바닥 상태 전자 배치로 옳은 것은?

① $(\sigma_{2s})^2(\sigma_{2s}{}^*)^2(\sigma_{2p})^2(\pi_{2p}{}^*)^4(\pi_{2p})^4$

② $(\sigma_{2s})^2(\sigma_{2s}{}^*)^2(\pi_{2p})^4(\sigma_{2p})^2(\pi_{2p}{}^*)^4$

③ $(\sigma_{2s})^2(\sigma_{2s}{}^*)^2(\sigma_{2p})^2(\pi_{2p})^4(\pi_{2p}{}^*)^4$

④ $(\sigma_{2s})^2(\sigma_{2s}{}^*)^2(\sigma_{2p})^4(\pi_{2p})^2(\pi_{2p}{}^*)^4$

19. 다음 중 결정장 갈라짐에너지의 크기를 증가시킬 수 있는 요인이 아닌 것은?

① 금속 이온의 산화 상태

② 금속 이온이 속해있는 주기

③ 금속 이온의 홀전자 수

④ 리간드의 개수

20. 다음의 분자들에 대한 설명으로 옳은 것은?

$$PCl_5 \quad SF_4 \quad ICl_3 \quad KrF_2$$

〈보기〉

ㄱ. 중심원자에 비공유전자쌍이 존재하는 것이 2개 있다.
ㄴ. 중심원자의 혼성이 모두 같다.
ㄷ. 분자들의 모양이 서로 다르다.
ㄹ. 분자 내 결합 길이가 모두 같은 것이 2개 있다.

① ㄱ, ㄴ ② ㄱ, ㄷ
③ ㄴ, ㄷ ④ ㄴ, ㄹ

제4회 최종모의고사

응시번호 _____ 성명 _____ 점수 _____ 점

01. 자동차 에어백에 들어 있는 아자이드화나트륨(NaN_3)은 강한 충격을 받으면 분해되어 질소(N_2)기체가 발생한다. 0℃, 1기압에서 NaN_3 6.5g이 모두 분해될 때 발생하는 N_2 기체의 부피는 몇 L인가? (단, NaN_3의 화학식량은 65g/mol 이다.)

   ① 1.12L   ② 2.24L

   ③ 3.36L   ④ 4.48L

02. 다음은 2가지 화학 반응식이다.

   > (가) $2CO_2(g) + O_2(g) \rightarrow 2CO_2(g)$
   >
   > (나) $2Na(s) + Cl_2(g) \rightarrow 2NaCl(s)$

   (가)와 (나)에 제시된 물질에 대한 설명으로 옳은 것만을 〈보기〉에서 있는 대로 고른 것은?

   > ───── 〈보기〉 ─────
   > ㄱ. (가)에서 원소는 1가지이다.
   > ㄴ. (나)에서 화합물은 1가지이다.
   > ㄷ. (나)에서 분자는 2가지이다.

   ① ㄱ   ② ㄷ

   ③ ㄱ, ㄴ   ④ ㄱ, ㄴ, ㄷ

03. 다음 양자수들의 모음 중 실제 원자에 적용될 수 있는 양자수들의 모음은?(단, 양자수의 배열순서는 다음과 같다.[주양자수(n), 각운동량 양자수(l), 자기양자수(m), 스핀양자수(m_s)])

   ① $[1, 0, +1/2, +1/2]$

   ② $[3, 0, 0, -1/2]$

   ③ $[2, 2, 1, +1/2]$

   ④ $[3, 2, 1, 1]$

04. I_3^-의 분자 구조로 옳은 것은?

   ① 평면 삼각형   ② 직선형

   ③ 굽은형   ④ 뒤틀린 T형

05. 일정 압력 조건하에서의 다음 반응 중 계에서 주위로 가장 크게 일을 한 반응은?

   ① $Hg(l) \rightarrow Hg(g)$

   ② $HCl(aq) + KOH(aq) \rightarrow KCl(aq) + H_2O(l)$

   ③ $H_2O(s) \rightarrow H_2O(l)$

   ④ $H_2(g) + F_2(g) \rightarrow 2HF(g)$

06. 다음 중 옳은 것은?

① 양이온의 반지름은 해당 원자 반지름보다 크다.
② 원자 반지름의 크기는 F < Cl < S 순서이다.
③ 모든 원자 가운데 플루오르(F)의 전자친화도가 가장 크다.
④ 원자의 전자배치는 항상 주양자수(n)값이 작은 것부터 채워진다.

07. 다음 중 NaOH 수용액과 반응하여 염을 형성하지 않는 산화물은?

① Al_2O_3
② SiO_2
③ P_4O_{10}
④ MgO

08. 다음 중 Na와 반응하여 기체가 발생하지 않는 것은?

① H_2O
② CH_3COOH
③ C_2H_5OH
④ CH_3COCH_3

09. 다음 화학 반응의 평형을 생성물이 더 많이 생기는 방향으로 이동시키는 변화는?

$$3NO\,(g) \rightleftharpoons N_2O\,(g) + NO_2\,(g) \quad \Delta H < 0$$

① 부피나 온도 변화 없이 $NO_2\,(g)$를 첨가한다.
② 평형 혼합물의 부피를 일정하게 하고 가열한다.
③ 온도 변화 없이 평형 혼합물의 부피를 감소시킨다.
④ 부피 변화 없이 평형 혼합물에 Ar 기체를 첨가한다.

10. 다음 중 pH가 가장 높은 것은?

① $NaCl$
② NH_4Cl
③ K_2SO_4
④ $NaHCO_3$

11. 다음의 착이온 중에서 입체 구조가 잘못된 것은?

① $[Ag(NH_3)_2]^+$: 직선형 구조
② $[Ni(CN)_4]^{2+}$: 정사면체 구조
③ $[Cu(NH_3)_4]^{2+}$: 사각평면 구조
④ $[Co(NH_3)_4Br_2]^+$: 정팔면체 구조

12. 어떤 화합물 0.5몰을 2.5kg의 물에 녹인 다음 어는점을 측정하였더니 -1.12℃였다. 다음 중 아주 묽은 용액일 때 이 실험 결과와 어는점이 동일한 화합물은? (단, 물의 K_f는 1.86℃ · kg/mol이다.)

① H_2SO_4
② $K_2[PtCl_6]$
③ $K[Pt(NH_3)Cl_3]$
④ $Co(NH_3)_3Cl_3$

13. 다음 반응에 대한 보기의 설명 중 옳은 것을 모두 고른 것은?

$$BF_3 + NH_3 \rightarrow F_3B - NH_3$$

〈보기〉

가. 루이스 산-염기 반응이다.
나. 생성물에서 $F-B-F$의 결합각은 120°보다 작다.
다. $B-F$의 결합길이는 반응물이 생성물보다 짧다.

① 가, 나
② 가, 다
③ 나, 다
④ 가, 나, 다

14. 모든 온도에서 자발적 과정이기 위한 조건은?

① $\Delta H > 0$, $\Delta S > 0$
② $\Delta H = 0$, $\Delta S < 0$
③ $\Delta H > 0$, $\Delta S = 0$
④ $\Delta H < 0$, $\Delta S > 0$

15. 다음은 약염기 B 수용액의 평형 반응식과 25℃에서의 염기 해리 상수이다.

$$B(aq) + H_2O(l) \rightleftharpoons BH^+(aq) + OH^-(aq)$$
$$K_b = 1.0 \times 10^{-5}$$

어떤 완충 용액에 들어 있는 B와 BH^+의 농도비 $\dfrac{[B]}{[BH^+]}$가 0.1일 때 25℃에서 이 완충 용액의 pH로 가장 가까운 값은?

① 6.0
② 7.0
③ 8.0
④ 9.0

16. 1.1mol의 아세트산(CH_3COOH)을 포함한 수용액 0.9L에 1M NaOH 수용액 0.1L를 첨가하여 완충 용액을 제조하였다. 이 완충 용액의 수소이온 농도(pH)는? (단, 두 용액을 합한 전체 용액의 부피는 정확히 1.0L이고, 아세트산의 $K_a = 1.8 \times 10^{-5}$, $pK_a = 4.74$이다.)

① 3.74
② 4.74
③ 5.74
④ 6.74

17. 0.00010M Na_2S 용액 중에서 MnS의 용해도는? (단, MnS의 K_{sp}는 3.0×10^{-14}이다.)

① 1.5×10^{-14} M
② 1.5×10^{-10} M
③ 3.0×10^{-10} M
④ 1.0×10^{-10} M

18. ZnC_2O_4는 난용성 염이다. 이 염을 물에 넣을 때 일어나는 화학 반응과 25℃에서의 평형 상수는 아래와 같다. 다음 설명 중 옳지 않은 것은?

$$ZnC_2O_4(s) \rightleftharpoons Zn^{2+}(aq) + C_2O_4^{2-}(aq)$$
$$K_{sp} = 7.5 \times 10^{-9}$$
$$C_2O_4^{2-}(aq) + H_2O(l) \rightleftharpoons$$
$$HC_2O_4^-(aq) + OH^-(aq)$$
$$K_{b_1} = 1.8 \times 10^{-10}$$
$$HC_2O_4^-(aq) + H_2O(l) \rightleftharpoons$$
$$H_2C_2O_4(aq) + OH^-(aq)$$
$$K_{b_2} = 1.8 \times 10^{-13}$$

① 산을 가하면 ZnC_2O_4의 용해도가 증가한다.
② $C_2O_4^{2-}$는 염기로 작용한다.
③ $HC_2O_4^-$는 산 또는 염기로 작용한다.
④ $NaHC_2O_4$를 첨가하면 ZnC_2O_4의 용해도가 증가한다.

19. 다음은 여러 이온들의 반쪽전지전위이다.

반쪽 반응	$E°$
$Ag^+(aq) + e^- \rightarrow Ag(s)$	$+0.80\,V$
$Cd^{2+}(aq) + 2e^- \rightarrow Cd(s)$	$+0.40\,V$
$Na^+(aq) + e^- \rightarrow Na(s)$	$-2.87\,V$
$2F^-(aq) \rightarrow F_2(g) + 2e^-$	$-2.71\,V$
$2I^-(aq) \rightarrow I_2(s) + 2e^-$	$-0.54\,V$

이 자료에 대한 설명 중 옳은 것을 〈보기〉에서 모두 고른 것은?

─── 〈보기〉 ───

ㄱ. 이온들 중에서 가장 강한 산화제는 F^-이다.

ㄴ. 이온들 중에서 가장 강한 환원제는 I^-이다.

ㄷ. Ag 전극과 Cd 전극을 연결해서 화학 전지를 만들었을 때의 기전력은 $0.4\,V$이다.

① ㄱ　　　　　　② ㄴ

③ ㄷ　　　　　　④ ㄴ, ㄷ

20. $Ba(NO_3)_2$와 Na_2SO_4의 수용액 반응에 대한 설명으로 옳은 것은?

① 2몰의 $Ba(NO_3)_2$과 4몰의 Na_2SO_4을 반응시키면 남아있는 반응물이 없다.

② 2몰의 $Ba(NO_3)_2$과 과량의 Na_2SO_4을 반응시키면 2몰의 $BaSO_4$가 생성된다.

③ 이 두 화합물이 반응하면 $NaNO_3$ 침전과 Ba^{2+}와 SO_4^{2-}가 생성된다.

④ 황산 음이온은 구경꾼 이온이다.

제5회 최종모의고사

01. 그림 (가)는 실린더에 $A_2B_2(g)$가 들어 있는 것을, (나)는 (가)의 실린더에 $AB_n(g)$을 첨가한 것을 나타낸 것이다. 실린더 속 B 원자 수는 (가) : (나) = 1 : 4이다.

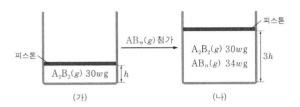

(가)   (나)

원자량의 비(A : B)는?(단, A와 B는 임의의 원소 기호이며 온도와 압력은 일정하고, 피스톤의 질량과 마찰은 무시한다. 두 기체는 반응하지 않는다.)

① 1 : 12
② 1 : 14
③ 12 : 1
④ 14 : 1

02. 표는 A 수용액 (가), (나)에 대한 자료이다. A의 분자량은 60이고, (가)의 밀도는 1.05g/mL이다.

수용액	농도	용액의 질량 (g)	A의 질량 (g)
(가)	3M	105	w
(나)	20%	x	w

x는?(단, 온도는 일정하다.)

① 45
② 90
③ 135
④ 180

03. 다음은 바닥상태 원자 A~C에 대한 자료이다. A~C는 각각 O, F, Mg중 하나이며, A~C 이온의 전자 배치는 모두 Ne과 같다.

$$\frac{\text{이온 반지름}}{|\text{이온의 전하}|} \text{은 A > B > C이다.}$$

원자 B의 바닥상태의 홀전자수는 몇 개인가?

① 0개
② 1개
③ 2개
④ 3개

04. 다음은 수소 원자의 오비탈 (가)~(다)에 대한 자료이다. (가)~(다)는 각각 $1s$, $2p_x$, $3p_x$ 중 하나이다.

• 주 양자수(n)는 (가) > (나)이다.
• 부(방위) 양자수(l)는 (나) > (다)이다.

이에 대한 설명으로 옳은 것만을 〈보기〉에서 있는 대로 고른 것은?

〈보기〉
ㄱ. (나)는 $2p_x$이다.
ㄴ. (다)의 자기 양자수(m_l)는 0이다.
ㄷ. 에너지 준위는 (가) > (다)이다.

① ㄱ
② ㄷ
③ ㄱ, ㄴ
④ ㄱ, ㄴ, ㄷ

05. 주양자수 $n = 4$인 에너지 준위에 대한 설명으로 옳지 않은 것은?

① 이 에너지 준위에 존재하는 오비탈의 총수는 16개이다.

② 이 에너지 준위에 존재하는 부껍질의 수는 4개이다.

③ 부껍질의 각운동량 양자수 l은 각각 0, 1, 2, 3이다.

④ $4f$ 오비탈의 자기 양자수 m_l은 −4, −3, −2, −1, 0, 1, 2, 3, 4이다.

06. 다음 반응식은 삼플루오르화붕소와 암모니아와의 반응을 나타낸 것이다.

$$BF_3(g) + NH_3(g) \rightarrow NH_3BF_3(s)$$

생성물로서 얻어지는 흰색의 NH_3BF_3 고체 분자 화합물 중에서 각각의 원자가 나타내는 결합방식의 설명으로 옳지 않은 것은?

① N과 H는 공유결합이다.

② 붕소는 질소의 고립전자쌍을 받아들여 암모니아와 결합한다.

③ 이 반응은 산화−환원 반응이다.

④ 붕소와 질소 사이의 결합은 배위공유결합이다.

07. 루이스(Lewis) 구조와 원자가 껍질 전자쌍 반발(VSEPR) 모형을 기초로 하여 분자구조를 나타내었을 때, 〈보기〉 중 XeF_4와 같은 분자구조를 갖는 화합물의 총 개수는?

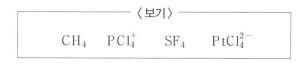

〈보기〉
CH_4 PCl_4^+ SF_4 $PtCl_4^{2-}$

① 1개 ② 2개

③ 3개 ④ 4개

08. 다음 중 Li에 대한 설명으로 옳지 않은 것을 모두 고르면?

⊙ Li의 원자 반지름은 K의 원자 반지름보다 크다.

ⓒ Li의 이차 이온화 에너지는 Be의 일차 이온화 에너지보다 크다.

ⓒ Li의 전기 음성도는 F의 전기 음성도보다 작다.

ⓒ Li은 F와 공유 결합물을 만든다.

① ⊙, ⓒ ② ⊙, ⓒ

③ ⓒ, ⓒ ④ ⓒ, ⓒ

09. 그림 (가)와 (나)는 강철 용기와 실린더에 같은 온도, 같은 압력, 같은 부피의 $He(g)$이 들어 있는 것을 나타낸 것이다.

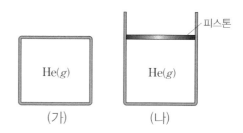

온도를 높였을 때, (가)에서가 (나)에서보다 큰 값을 갖는 것만을 〈보기〉에서 있는 대로 고른 것은? (단, 대기압은 일정하고, 피스톤의 질량과 마찰은 무시한다.)

〈보기〉
ㄱ. $He(g)$의 밀도
ㄴ. $He(g)$의 압력
ㄷ. $He(g)$의 평균 운동 에너지

① ㄱ ② ㄷ

③ ㄱ, ㄴ ④ ㄴ, ㄷ

10. 그림 (가)는 t_1℃에서 밀폐된 용기에 $H_2O(l)$을 넣고 평형에 도달한 것을, (나)는 (가)에서 온도를 t_2℃로 변화시키고 평형에 도달하였을 때 $H_2O(l)$의 부피가 감소한 것을 나타낸 것이다.

다음 설명 중 옳은 것은?

① $t_1 > t_2$이다.
② 증기압은 $P_1 > P_2$이다.
③ H_2O의 증발 속도는 (나)에서가 (가)에서보다 크다.
④ H_2O의 응축 속도는 (가)에서가 (나)에서보다 크다.

11. 그림은 금속 X와 Y의 결정 구조를 모형으로 나타낸 것이다. X와 Y의 단위세포는 한 변의 길이가 각각 a_1, a_2인 정육면체이다.

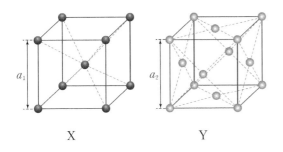

X와 Y의 단위세포에 들어 있는 원자 수 비 (가), 한 원자에 가장 인접한 원자 수 비 (나)로 옳은 것은? (단, X와 Y는 임의의 원소 기호이다.)

	(가) X : Y	(나) X : Y
①	1 : 2	1 : 2
②	1 : 2	1 : 4
③	1 : 2	2 : 3
④	1 : 4	1 : 2

12. 다음은 25℃, 표준 상태에서 물(H_2O)과 관련된 2가지 반응의 열화학 반응식이다.

> • $H_2O(l) \rightarrow H_2O(g)$ $\Delta H = a\,kJ$
> • $2H_2(g) + O_2(g) \rightarrow 2H_2O(l)$ $\Delta H = b\,kJ$

이 자료로부터 구한 25℃, 표준 상태에서 $H_2O(g)$의 생성 엔탈피(ΔH, kJ/mol)는?

① $a + b$
② $2a + b$
③ $\dfrac{2a + b}{2}$
④ $b - 2a$

13. 다음 물질들의 끓는점 순서를 옳게 나열한 것은?

> Cl_2 HBr HCl

① $HBr > HCl > Cl_2$
② $HCl > HBr > Cl_2$
③ $Cl_2 > HBr > HCl$
④ $Cl_2 > HCl > HBr$

14. 할로젠화 수소 HF, HCl, HBr, HI의 성질에 대한 설명으로 옳지 않은 것은?

① 끓는점은 HF가 가장 높다.
② 할로젠화 수소는 물에 녹으면 완전히 해리된다.
③ 녹는점은 HCl이 가장 낮다.
④ 분자의 결합 엔탈피는 HI가 가장 작다.

15. 할로젠 원소의 특성을 설명 것 중에서 옳지 않은 것은?

① 분자량 $F_2 < Cl_2 < Br_2 < I_2$

② 결합 길이 $F_2 < Cl_2 < Br_2 < I_2$

③ 결합 에너지 $F_2 > Cl_2 > Br_2 > I_2$

④ 끓는점 $F_2 < Cl_2 < Br_2 < I_2$

16. 다음은 생체 내에서 완충 작용과 관련된 이온화 반응식과 25℃에서의 이온화 상수(K_a)이다.

$$H_2PO_4^-\,(aq) + H_2O\,(l) \rightleftharpoons$$
$$HPO_4^{2-}\,(aq) + H_3O^+\,(aq)$$
$$K_a = 6 \times 10^{-8}$$

그림은 1M $NaH_2PO_4(aq)$과
1M $Na_2HPO_4(aq)$을 혼합하여 만든 수용액을 나타낸 것이다.

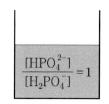

이에 대한 설명으로 옳은 것만을 〈보기〉에서 있는 대로 고른 것은?(단, 수용액의 온도는 25℃로 일정하다.)

── 〈보기〉 ──

ㄱ. $H_2PO_4^-$의 짝염기는 HPO_4^{2-}이다.

ㄴ. 수용액의 pH < 7.0이다.

ㄷ. 수용액에 소량의 $NaOH(s)$을 가하면 $H_2PO_4^-$의 양(mol)이 증가한다.

① ㄱ   ② ㄴ

③ ㄱ, ㄷ   ④ ㄴ, ㄷ

17. 다음은 나트륨(Na)과 염소(Cl)가 각각 전자를 잃고 얻을 때의 화학 반응식과 출입하는 엔탈피 변화를 나타낸 것이다.

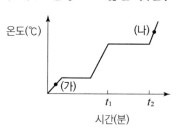

Na대신 칼륨(K)를 사용한 경우 이 엔탈피 변화는 어떻게 변할 것인가?

① 증가

② 감소

③ 일정

④ 주어진 정보로는 알 수 없다.

18. 아래 그림은 화합물 A의 가열 곡선을 나타낸 것이다. 이에 대한 설명으로 옳은 것은?

① A의 비열은 고체보다 기체가 크다.

② 고체를 녹이는 데 필요한 에너지는 같은 질량의 액체를 기화시키는 데 필요한 에너지보다 크다.

③ $t_1 \sim t_2$ 시간동안 계의 엔트로피는 증가한다.

④ 분자 간 인력은 (나)가 (가)보다 크다.

19. 다음은 구리(Cu)와 묽은 질산(HNO_3)의 산화환원 반응식이다.

$$aCu + bNO_3^- + cH^+ \rightarrow aCu^{2+} + bX + dH_2O$$

반응식에서 X는 질소 산화물이며, $a \sim d$는 계수이다.

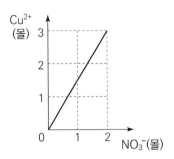

그림은 이 반응에서 반응한 NO_3^-의 몰수에 따른 생성물 Cu^{2+}의 몰수를 나타낸 것이다. $\dfrac{d}{a}$는?

① $\dfrac{2}{3}$

② $\dfrac{3}{4}$

③ 1

④ $\dfrac{4}{3}$

20. 그림 (가)는 t_1℃에서 고정 장치로 피스톤이 고정된 실린더 속에서 물질 X가 상평형을 이루고 있는 상태를, (나)는 X의 상평형 그림을 나타낸 것이다.

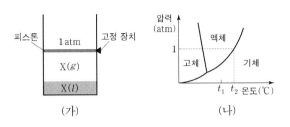

(가)   (나)

(가)에 대한 설명으로 옳은 것만을 〈보기〉에서 있는 대로 고른 것은? (단, 대기압은 1기압으로 일정하고, 피스톤의 질량과 마찰은 무시한다.)

─── 〈보기〉 ───

ㄱ. X(g)의 압력은 1기압보다 작다.
ㄴ. 고정 장치를 풀고 t_1℃에서 충분한 시간이 흐른 후 안정한 상은 액체이다.
ㄷ. 고정 장치를 풀고 온도를 t_2℃로 높여 충분한 시간이 흐른 후 안정한 상은 2가지이다.

① ㄱ

② ㄷ

③ ㄱ, ㄴ

④ ㄱ, ㄴ, ㄷ

01. $NaCl(g)$과 $NaF(g)$의 이온결합 에너지와 이온쌍 에너지의 크기를 옳게 비교한 것은?

	이온 결합 에너지	이온쌍 에너지
①	$NaCl(g) > NaF(g)$	$NaCl(g) > NaF(g)$
②	$NaCl(g) > NaF(g)$	$NaCl(g) < NaF(g)$
③	$NaCl(g) < NaF(g)$	$NaCl(g) < NaF(g)$
④	$NaCl(g) < NaF(g)$	$NaCl(g) > NaF(g)$

02. 100℃에서 포화증기압의 수증기로 채운 플라스크를 65℃로 냉각시키면 수증기의 몇 %가 물로 액화되는가? (단, 100℃와 65℃의 물의 증기압은 각각 760mmHg와 190mmHg이다.)

① 62.5%   ② 65.5%

③ 72.5%   ④ 78%

03. 그림은 주기율표의 일부를 나타낸 것이다.

주기\족	1	2	13	14	15	16	17	18
1								A
2	B				C		D	
3	E							F

A~F에 대한 설명으로 옳지 않은 것은?
(단, A~F는 임의의 원소 기호이다.)

① 원자 반지름은 E > B이다.

② B~D 중 유효 핵전하는 B가 가장 크다.

③ B~D 중 원자 반지름은 B가 가장 크다.

④ C~E 중 동일한 전자 배치를 갖는 이온 반지름은 C가 가장 크다.

04. 다음은 안정한 구조를 이루고 있는 SF_4에 대한 설명 중 옳은 것을 모두 고른 것은?

〈보기〉
ㄱ. 비공유 전자쌍의 위치는 축 방향이다.
ㄴ. 분자의 구조는 시소(seesaw)모양이다.
ㄷ. 가능한 결합각은 90˚, 180˚이다.
ㄹ. 적도 방향의 결합 길이가 축 방향의 결합 길이보다 짧다.

① ㄱ, ㄴ   ② ㄱ, ㄷ

③ ㄴ, ㄹ   ④ ㄱ, ㄹ

05. 다음 반응의 평형 상수의 값은?

$$HCl(aq) + NaOH(aq) \rightarrow NaCl(aq) + H_2O(l)$$

① 10^5 ② 10^9

③ 10^{14} ④ 10^{21}

06. IUPAC 명명법에 의한 다음 화합물의 명칭은?

① 2-ethyl-4,5-dimetyl-5-propylheptane

② 2,5-diethyl-4,5-dimethyloctane

③ 3,5,6,-trimethyl-6-proyloctane

④ 6-ethyl-3,5,6-trimethylnonane

07. 황과 탄소의 혼합물 20g을 완전히 연소시켰더니 이산화황과 이산화탄소 혼합물 60g이 생성되었다. 연소 반응후 생성된 혼합 기체는 총 몇 몰인가?(단, 원자량은 S = 32, O = 16, C = 12)

① 1.25   ② 1.5

③ 2.0   ④ 2.25

08. 물의 끓는점을 낮출 수 있는 방법으로 옳은 것은?

① 밀폐된 용기에서 물을 끓인다.
② 설탕을 넣어 준다.
③ 외부 압력을 낮추어 준다.
④ 끓이는 물의 양을 줄인다.

09. 어떤 금속 결정을 X선으로 조사하였더니, 면심입방격자로서 한 모서리의 길이는 $4.0 \times 10^{-8} \text{cm}$이었고, 결정의 밀도는 6.0g/cm^3이었다. 단위격자 1개의 질량은 몇 g인가? (단, 아보가드로수는 6.0×10^{23}이다.)

① $1.25 \times 10^{-22} \text{g}$
② $3.84 \times 10^{-22} \text{g}$
③ $6.45 \times 10^{-22} \text{g}$
④ $7.25 \times 10^{-22} \text{g}$

10. 시중에서 많이 판매하는 진한 황산의 질량 백분율은 96%이다. 이 진한 황산을 사용하여 1.0M 황산 용액 1L를 만들 때 필요한 진한 황산의 양은 얼마인가?(단, 진한 황산의 밀도는 1.84g/mL이다.)

① 13.9mL   ② 27.8mL

③ 55.5mL   ④ 83.4mL

11. 그림과 같이 수용액 (가), (나)가 비커에 들어 있다. (단, (가)의 밀도는 1 g/mL이고 NaOH의 화학식량은 40이다.)

(가)   (나)

(가), (나)에 대한 설명으로 옳은 것은?

① (가)의 몰랄농도는 $\dfrac{1000}{960}$ m이다.
② 용액의 끓는점은 (가) < (나)이다.
③ 용액의 증발속도는 (가) > (나)이다.
④ NaOH의 몰분율은 (가) < (나)이다.

12. 다음 수용액 중 녹아 있는 용질 입자의 총 개수가 가장 많은 것은?(단, 이온결합 화합물은 모두 완전히 해리된다.)

① 2.0M NaCl 20mL
② 0.8M C_2H_5OH 0.1L
③ 0.4M $FeCl_3$ 20mL
④ 0.1M $CaCl_2$ 0.3L

13. 반투막 장치를 이용하여 측정한 삼투압이 0.05기압이었다면 삼투 현상에 의해 용액이 올라간 높이 h는 몇 cm인가?(단, 온도는 27℃이고, 물의 밀도는 1g/cm^3이고, 1기압은 $1.0 \times 10^5 \text{Pa}$, 중력가속도 $g = 9.8 \text{m/s}^2$이다.)

① 0.5cm   ② 6cm

③ 50cm   ④ 60cm

14. 일정부피 열량계를 이용하여 1g의 메탄올을 충분한 양의 산소와 반응시켰다. 반응 결과 열량계 안의 물 1.00kg의 온도가 3.0℃ 상승하였다면, 물을 제외한 이 열량계만의 열용량은 얼마인가? (단, 메탄올의 연소열은 -30.0kJ/g이고, 물의 비열은 4J/g℃이다.)

① 3kJ/℃ ② 4kJ/℃
③ 5kJ/℃ ④ 6kJ/℃

15. 그림은 염화나트륨의 생성 과정에 대한 에너지 관계의 일부를 나타낸 것이다.

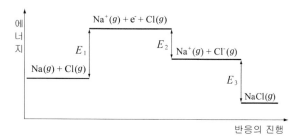

이에 대한 설명으로 옳은 것을 〈보기〉에서 모두 고른 것은?

─── 〈보기〉 ───
ㄱ. $Cl(g)$ 대신 $I(g)$로 바꾸면 E_3가 커진다.
ㄴ. $NaCl(g)$의 생성열(ΔH)은 $E_2 + E_3 - E_1$ 이다.
ㄷ. $Na(g)$의 이온화 에너지는 $Cl(g)$의 전자 친화도보다 크다.

① ㄱ ② ㄷ
③ ㄱ, ㄴ ④ ㄴ, ㄷ

16. 25℃, 1기압에서 물(H_2O)과 다이클로로메테인(CH_2Cl_2) 혼합 용액을 균일한 상태로 만든 후 가만히 놓아두면 층 분리가 자발적으로 일어난다. 이 과정에서 혼합 용액의 엔탈피 변화(ΔH)와 엔트로피 변화(ΔS)를 옳게 짝지은 것은?

① $\Delta H > 0$, $\Delta S > 0$
② $\Delta H > 0$, $\Delta S < 0$
③ $\Delta H < 0$, $\Delta S > 0$
④ $\Delta H < 0$, $\Delta S < 0$

17. 어떤 반응에서 반응 온도를 227℃에서 127℃로 낮추었더니 반응 속도 상수가 $\frac{1}{10}$로 감소하였다. 이 반응의 활성화 에너지[$J \cdot mol^{-1}$]는? (단, $\ln 10 = 2.3$, $R = 8.3 J \cdot mol^{-1} \cdot K^{-1}$로 가정한다.)

① 5,454 ② 10,908
③ 22,908 ④ 38,180

18. 온도를 증가시켰을 때, 기체의 분자속도에 따른 분자 수의 분포의 변화를 설명한 것 중 옳지 않은 것은?

① 가장 빈도수가 높은 분자속도의 크기가 증가한다.
② 가장 빈도수가 높은 분자속도를 갖는 분자들의 수가 증가한다.
③ 분자들의 평균속도가 증가한다.
④ 분자속도의 분포가 더 넓어진다.

19. 일산화탄소와 수소의 혼합 연료인 수성 가스는 뜨거운 탄소 위에 수증기를 흘려서 생산하며 다음 반응식으로 표현할 수 있다.

$$C(s) + H_2O(g) \rightleftarrows CO(g) + H_2(g)$$

수성 가스 생성을 증가시키는 방법만을 〈보기〉에서 모두 고르면?

───── 〈보기〉 ─────
ㄱ. 반응기의 압력을 낮춘다.
ㄴ. $H_2(g)$를 제거한다.
ㄷ. $H_2O(g)$를 제거한다.
ㄹ. $CO(g)$를 첨가한다.
ㅁ. $C(s)$를 제거한다.

① ㄱ, ㄴ   ② ㄴ, ㄷ
③ ㄷ, ㄹ   ④ ㄹ, ㅁ

20. 수소는 0℃, 1기압에서 1L의 물에 amL 녹는다. 그렇다면 0℃, 2기압에서 1L의 물에 녹는 수소의 질량은 몇 g인가?

① $\dfrac{a}{22400}$g   ② $\dfrac{a}{11200}$g

③ $\dfrac{a}{5600}$g   ④ $\dfrac{a}{2800}$g

제7회 최종모의고사

01. 슈크로오스($C_{12}H_{22}O_{11}$)는 우리가 흔히 먹는 설탕으로, 글루코오스와 프락토오스에서 물 한 분자가 제거되면서 결합되어 생성된 이당류이다. 슈크로오스 684g을 물에 녹여 전체부피를 4.0L로 만들었을 때 이 용액의 몰농도(M)는 얼마인가? (단, 슈크로오스의 분자량은 342로 가정하시오.)

① 0.25M   ② 0.50M

③ 0.75M   ④ 1.00M

02. 다음 물질의 K_a값이 아래와 같을 때, 다음 중 염기의 세기가 가장 큰 것은?

- HSO_4^- : 1.2×10^{-2}
- HF : 7.2×10^{-4}
- HCN : 6.2×10^{-10}

① HSO_4^- ② SO_4^{2-}

③ F^- ④ CN^-

03. 15℃에서 물의 이온화상수 $K_w = 0.45 \times 10^{-14}$이다. 15℃에서 물속의 H_3O^+의 농도(M)는?

① 1.0×10^{-7} ② 1.5×10^{-7}

③ 6.7×10^{-8} ④ 4.2×10^{-15}

04. 다음 설명 중 틀린 것은?

① 특별한 조건에서 용액의 최대 용해도를 초과한 용액을 과포화 되었다고 한다.

② 어떤 주어진 온도에서 최대로 녹을 수 있는 용질의 양을 포함하는 용액을 포화되었다고 한다.

③ 일반적으로 고체 화합물의 용해도는 용액의 온도가 올라가면 감소한다.

④ 용액의 농도가 용액의 최대 용해도보다 적을 때는 불포화되었다고 한다.

05. Pb 원자 2.55×10^{23}개의 질량은 얼마인가? (단, Pb의 몰 질량은 207.2g/mol이다.)

① 87.8g   ② 488.2g

③ 878.8g   ④ 48.8g

06. 용접 원료로 사용되는 어떤 화합물이 탄소와 수소만을 포함하고 있다. 이 화합물의 시료 약간을 산소 속에서 완전히 연소시켜 1.69g의 CO_2와 0.346g의 H_2O만을 얻었다. 연소되기 전의 이 화합물의 실험식은 무엇인가?

① C_2H ② CH

③ CH_2 ④ CH_3

07. 25℃에서 0.010M NaN_3 용액에서 아자이드화수소산(HN_3)의 농도는?

(단, HN_3의 $K_a = 1.0 \times 10^{-4}$이다.)

① 1.0×10^{-6} ② 1.0×10^{-7}

③ 1.0×10^{-8} ④ 1.0×10^{-9}

08. 7.22g의 고체 철(몰질량=55.85)을 산성용액 속에서 완전히 반응시키는데 미지 농도의 $KMnO_4$ 용액 187mL가 필요하였다. $KMnO_4$ 용액의 몰농도(M)는? (단, 이때 미완결 반응식은 다음과 같다.)

$$H^+ (aq) + Fe(s) + MnO_4^- (aq)$$
$$\rightarrow Fe^{3+} (aq) + Mn^{2+} (aq) + H_2O (l)$$

① 0.41 ② 0.68

③ 0.82 ④ 1.23

09. 진한 암모니아를 0.02M $AgNO_3$ 용액에 가하여 평형에서 $[NH_3] = 0.1M$일 때 용액에 존재하는 Ag^+의 농도(M)는?

(단, $Ag(NH_3)_2^+$의 $K_f = 1.0 \times 10^7$이다.)

① 1.0×10^{-8} ② 2.0×10^{-8}

③ 1.0×10^{-7} ④ 2.0×10^{-7}

10. 다음의 자료를 참조하여 가장 강력한 산화제와 가장 강력한 환원제는 어떤 것인가?

$$Ag^+ (aq) + e^- \rightarrow Ag(s) \qquad E^\circ = 0.799\,V$$
$$2H^+ (aq) + 2e^- \rightarrow H_2(g) \quad E^\circ = 0.000\,V$$
$$Cd^{2+} (aq) + 2^- \rightarrow Cd(s) \qquad E^\circ = -0.402\,V$$

① 가장 강력한 산화제: Ag^+, 가장 강력한 환원제: $Ag(s)$

② 가장 강력한 산화제: H^+, 가장 강력한 환원제: $H_2(g)$

③ 가장 강력한 산화제: Cd^{2+}, 가장 강력한 환원: $Ag(s)$

④ 가장 강력한 산화제: Ag^+, 가장 강력한 환원제: $Cd(s)$

11. 다음 완충용액에 대한 설명 중 옳지 않은 것은?

① 완충용액의 완충 용량이 클수록 pH 변화에 더 잘 견딘다.

② 완충용액은 $pH = pK_a$(즉, $[HA] = [A^-]$)일 때 pH 변화를 막는데 가장 효과적이다.

③ 완충용액의 pH는 온도에 의존하지 않는다.

④ 완충 요액을 제조할 때에는 원하는 pH에 가장 근접한 pK_a값을 갖는 완충제를 선택해야 한다.

12. 다음 산/염기에 대한 설명 중 옳지 않은 것은?

① 산은 용액 중에서 H_3O^+(Hydronium ion) 농도를 증가시키는 물질이며, 염기는 H_3O^+의 농도를 감소시키거나 OH^-(수산화 이온)의 농도를 증가시키는 물질이다.

② 다양성자 산은 여러 개의 산 해리상수를 가지며, 해리상수가 클수록 강한 산성을 나타낸다.

③ 순수한 물의 경우 물의 이온곱 상수 ($pK_w = 14$)로부터 pH를 계산할 수 있다.

④ 약산의 짝염기는 강한 산으로 완충용액의 제조에 이용된다.

13. KH_2PO_4 0.04몰과 NaOH 0.1몰을 넣어 1.00L의 수용액을 만들었을 때 최종적인 평형 상태에서 용액 내의 구경꾼 이온을 제외한 화학종의 총 몰수는 몇 몰인가?

① 0.03   ② 0.45

③ 0.06   ④ 0.75

14. 구리 이온(Cu^{2+})을 구리로 전기석출하기 위하여 0.800A 를 15.2분 동안 유지하였다. (−)극에서 석출된 구리의 질량과 (+)극에서 발생한 산소의 질량을 계산한 것은? (단, 구리 원자량은 63.5, 산소 원자량은 16.0이다.)

① 구리(Cu) 질량=2.40g, 산소(O_2) 질량=0.0605g

② 구리(Cu) 질량=2.40g, 산소(O_2) 질량=0.605g

③ 구리(Cu) 질량=0.240g, 산소(O_2) 질량=0.605g

④ 구리(Cu) 질량=0.240g, 산소(O_2) 질량=0.0605g

15. 다음 각 쌍의 2개 물질 중에서 물에 더욱 잘 녹을 것이라고 예상되는 물질을 1개씩 옳게 선택한 것은?

- CH_3CH_2OH와 $CH_3CH_2CH_3$
- $CHCl_3$와 CCl_4

① CH_3CH_2OH, $CHCl_3$

② CH_3CH_2OH, CCl_4

③ $CH_3CH_2CH_3$, $CHCl_3$

④ $CH_3CH_2CH_3$, CCl_4

16. 20wt% NaOH 용액으로 1M NaOH 용액 100mL를 만들려고 할 때 다음 중 가장 옳은 방법은?

① 20% 용액 20g에 60g의 물을 가한다.

② 20% 용액 20mL에 물을 가해 100mL로 만든다.

③ 20% 용액 20g에 물을 가해 100mL로 만든다.

④ 20% 용액 20mL에 80mL의 물을 가한다.

17. 525℃에서 다음 반응에 대한 평형상수 K값은 3.35×10^{-3}이다. 이 때 평형에서 이산화탄소 농도를 구하면 얼마인가?

$$CaCO_3(s) \rightleftarrows CaO(s) + CO_2(g)$$

① 0.84×10^{-3} mol/L

② 1.68×10^{-3} mol/L

③ 3.35×10^{-3} mol/L

④ 6.77×10^{-3} mol/L

18. O^{2-}, F, F^-를 반지름이 작은 것부터 큰 순서로 나열한 것은?

① $O^{2-} < F < F^-$

② $F < F^- < O^{2-}$

③ $F < O^{2-} < F^-$

④ $F^- < O^{2-} < F$

19. 아래 주어진 표준 환원 전위값들을 이용하여 화학 전지를 구성하였을 때 이 반응에 대한 평형 상수 K를 구하는 식을 옳게 나타낸 것은?

$$Ag^+(aq) + e^- \rightarrow Ag(s) \qquad E^\circ = 0.80\,V$$
$$Zn^{2+}(aq) + 2e^- \rightarrow Zn(s) \qquad E^\circ = -0.76\,V$$

① $K = 10^{\frac{2 \times 1.56}{0.0592}}$

② $K = 10^{\frac{1 \times 1.56}{0.0592}}$

③ $K = 10^{\frac{0.0592}{1 \times 1.34}}$

④ $K = 10^{\frac{0.0592}{2 \times 1.34}}$

20. 25℃에서 다음 농도차 전지가 발생시키는 전압 $[V]$은?

$$Fe(s)\,|\,Fe^{2+}(0.010M)$$
$$\|\,Fe^{2+}(0.10M)\,|\,Fe(s)$$
$$Fe^{2+}(aq) + 2e^- \rightarrow Fe(s) \qquad E^\circ = 0.56\,V$$

① 0.03

② 0.06

③ 0.37

④ 0.40

제8회 최종모의고사

응시번호 _____ 성명 _____ 점수 _____ 점

01. 그림은 3가지 물질을 주어진 기준에 따라 분류한 것이다.

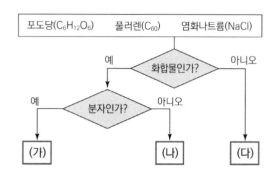

(가)~(다)에 해당하는 물질로 옳은 것은?

	(가)	(나)	(다)
①	포도당	풀러렌	염화나트륨
②	포도당	염화나트륨	풀러렌
③	풀러렌	포도당	염화나트륨
④	풀러렌	염화나트륨	포도당

02. 다음 표는 몇 가지 임의의 원자 또는 단원자 이온이 가지는 전자 수, 양성자수, 중성자수를 나타낸 것이다. 다음 설명 중 옳지 않은 것은?

원자 또는 이온	A	B	C	D	E	F
전자수	5	10	18	28	36	5
양성자수	5	7	19	30	35	5
중성자수	5	7	20	36	46	6

① A와 F는 같은 원소로 탄소의 다이아몬드와 흑연의 관계와 같다고 할 수 있다.

② B와 E는 음이온이다.

③ C와 E는 1:1의 이온결합 화합물을 만들 수 있다.

④ D의 바닥상태 전자배치는 $[Ar]3d^{10}$이다.

03. 다음은 주양자수와 각운동량 양자수가 서로 다른 여러 오비탈에 대하여 방사 마디 개수와 각마디 개수를 나타낸 표이다.

오비탈	각마디 수	방사마디 수
(a)	2	0
(b)	1	1
(c)	0	3

다음 설명 중 옳지 않은 것은?

① (a)는 $3d$ 오비탈이다.

② (b)의 방위 양자수는 1이다.

③ 수소 원자 오비탈의 에너지 준위는 (c)가 (a)보다 높다.

④ (c)의 에너지 준위는 헬륨과 네온에서 같다.

04. 그림은 양성자수가 7인 원자 X의 전자 배치를 나타낸 것이다.

$$X \quad \underset{1s}{\boxed{\uparrow\downarrow}} \quad \underset{a}{\boxed{\uparrow\downarrow}} \quad \underset{b}{\boxed{\uparrow}\,\boxed{\uparrow}\,\boxed{\uparrow}}$$

다음 설명 중 옳은 것은?(단, X는 임의의 원소 기호이다.)

① 오비탈의 에너지 준위는 $a > b$이다.

② a의 주 양자수와 부 양자수의 합은 3이다.

③ b의 전자들의 스핀 양자수는 모두 같다.

④ b의 전자들의 자기 양자수의 종류는 2가지이다.

05. 다음 이온들을 반지름 크기 순서로 나열할 때 크기가 가장 큰 이온은?

$$K^+,\ Rb^+,\ Sr^{2+},\ Br^-$$

① Rb^+　　　　② K^+
③ Sr^{2+}　　　④ Br^-

06. 다음은 바닥상태 원자 (가)~(마)를 구별하기 위한 자료이다. (가)~(마)는 각각 B, C, N, O, F 중 하나이다.

- 전자가 들어 있는 p 오비탈 수: (가)=(라)
- 홀전자 수: (가)=(나)
- 원자가 전자 수: (마) > (가)

이에 대한 설명으로 옳은 것만을 〈보기〉에서 있는 대로 고른 것은?

〈보기〉
ㄱ. (다)는 붕소(B)이다.
ㄴ. 원자 반지름은 (나) > (라)이다.
ㄷ. 제2 이온화 에너지는 (가) > (마)이다.

① ㄱ　　　　② ㄷ
③ ㄱ, ㄴ　　④ ㄱ, ㄴ, ㄷ

07. 다음 세 화학종에 대한 설명으로 옳지 않은 것은?

$$NO_2^+\quad SOCl_2\quad IF_5$$

① N의 형식 전하는 +1이다.
② NO_2^+의 구조는 직선형이다.
③ $SOCl_2$의 구조는 삼각뿔 구조이다.
④ IF_5의 I−F의 결합 길이는 모두 같다.

08. 표는 20℃, 1기압에서 3가지 기체 (가)~(다)에 대한 자료의 일부이다.

기체	분자식	상태	6L의 질량(g)	x몰의 질량(g)
(가)	AB_4	기체	4	
(나)	C_2	기체		16
(다)	AC_2	기체	11	22

이에 대한 설명으로 옳은 것은?(단, A~C는 임의의 원소 기호이며, 20℃, 1기압에서 기체 1몰의 부피는 24L이다.)

① x는 1이다.
② 원자량 비는 A : C = 4 : 3이다.
③ B_2C 6g에 들어 있는 총 원자의 몰수는 1몰이다.
④ AC_2의 분자량은 22이다.

09. 1기압, 상온에서 이상기체에 가장 가까운 성질을 나타내는 기체는?

① H_2　　　　② CO
③ NO　　　　④ NO_2

10. 다음 그림은 80℃에서 벤젠–톨루엔 혼합 용액에서 벤젠의 몰분율에 따른 각 액체의 증기압 및 전체 증기압을 보여준다. 이에 대한 설명 중 옳은 것을 〈보기〉에서 모두 고른 것은?

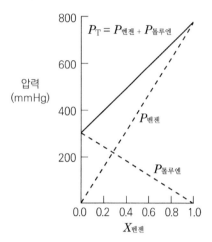

〈보기〉

ㄱ. 벤젠의 끓는점은 톨루엔보다 낮다.
ㄴ. 벤젠의 몰분율이 클수록 전체 증기압이 증가한다.
ㄷ. 벤젠에 톨루엔을 넣으면 벤젠의 증기압은 감소한다.
ㄹ. 순수한 물질의 경우 톨루엔의 증기압이 벤젠보다 크다.

① ㄱ, ㄴ ② ㄷ, ㄹ
③ ㄴ, ㄷ ④ ㄱ, ㄴ, ㄷ

11. 다음은 실생활과 관련된 3가지 현상이다.

〈보기〉

• 자동차에서 ㉠ 연료가 연소하여 엔진이 작동한다.
• 냉찜질 주머니 속 ㉡ 질산 암모늄이 물에 녹으면서 차가워진다.
• 알코올을 손등에 바르면 ㉢ 알코올이 증발하면서 손등이 시원해진다.

반응 ㉠~㉢에 대한 설명으로 옳은 것만을 〈보기〉에서 있는 대로 고른 것은?

① $\Delta H > 0$인 것은 1가지이다.
② ㉠에서 반응물의 엔탈피 합은 생성물의 엔탈피 합보다 크다.
③ ㉡은 발열 반응이다.
④ ㉢은 화학 변화이다.

12. 다음은 기체 A가 분해되어 기체 B와 C를 생성하는 반응의 화학 반응식이다.

$$2A(g) \rightarrow B(g) + C(g)$$

표는 A(g)의 초기 농도에 따른 초기 반응 속도를 나타낸 것이다.

실험	A의 초기 농도 (M)	초기 반응 속도 (M/s)
(가)	0.005	7.5×10^{-4}
(나)	0.010	3.0×10^{-3}
(다)	a	6.75×10^{-3}

다음 설명 중 옳지 않은 것은? (단, 온도는 일정하다.)

① a는 0.015이다.
② 반응 속도식은 $v = k[A]^2$이다.
③ 반응 속도 상수(k)는 $30M^{-1} \cdot s^{-1}$이다.
④ 이 반응의 반감기는 일정하다.

13. 25℃에서 다음 화학 평형에 대한 설명 중 옳지 않은 것은?

$$2NO_2(g) + O_2(g) \rightleftharpoons 2NO_2(g)$$
$$\Delta H < 0 \quad K_p = 158$$

① 온도가 증가하는 경우 반응의 평형상수는 감소한다.
② 정반응이 진행되는 경우 반응의 엔탈피는 감소한다.
③ 정반응이 진행되는 경우 반응의 엔트로피는 감소한다.
④ 25℃에서 각 기체의 부분 압력이 1기압일 때 역반응이 자발적이다.

14. 그림은 강철 용기 내에 CO_2가 상평형을 이루고 있는 평형 I 에서 조건을 변화시켜 새롭게 도달한 평형 II 를 나타낸 것이다. CO_2의 삼중점은 5.1기압, 217K이다.

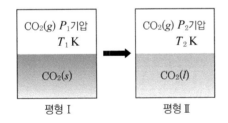

평형 I · 평형 II

다음 설명 중 옳은 것은?

① $P_2 < 5.1$이다.
② $T_1 \times P_1 > T_2 \times P_2$이다.
③ P_1기압, T_2K 에서 CO_2의 가장 안정한 상은 기체이다.
④ 융해 곡선은 음의 기울기를 갖는다.

15. 그림 (가)는 25℃에서 0.1M NaOH(aq) 10mL를, (나)는 (가)에 증류수를 넣어 100mL를 만든 수용액을, (다)는 (가)에 NaOH(s)을 0.36g 넣어 만든 수용액을 나타낸 것이다.

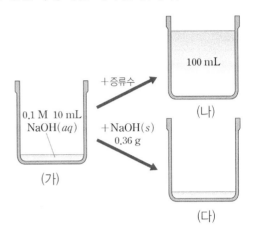

[(다)의 pH－(나)의 pH]는? (단, NaOH의 화학 식량은 40이고, 25℃에서 물의 이온화 상수(K_w)는 1.0×10^{-14}이며, 온도는 일정하고, NaOH(s)의 용해에 의한 수용액의 부피 변화는 무시한다.)

① －2 ② －1
③ 1   ④ 2

16. 다음은 25℃에서 약산 HA의 이온화 반응식과 이온화 상수(K_a)이다.

$$HA(aq) + H_2O(l) \rightleftharpoons A^-(aq) + H_3O^+(aq)$$
$$K_a = 1.0 \times 10^{-6}$$

표는 25℃에서 농도가 서로 다른 HA(aq) (가)와 (나)에 대한 자료이다. (가)와 (나)에서 용해된 HA의 질량은 같다.

수용액	HA(aq)의 농도(M)	부피(mL)	pH
(가)	1	100	x
(나)		V	3.5

다음 설명 중 옳은 것은? (단, 온도는 25℃로 일정하다.)

① x는 3이다.
② V는 500이다.
③ (가)에 NaA(s)을 소량 넣으면 pH는 감소한다.
④ 온도를 증가시키면 역반응이 진행된다.

17. 산소의 산화수가 증가하는 순서대로 O_2, H_2O, OF_2, H_2O_2를 배열한 것은?

① O_2, H_2O_2, H_2O, OF_2
② H_2O, H_2O_2, O_2, OF_2
③ H_2O_2, O_2, H_2O, OF_2
④ OF_2, O_2, H_2O_2, H_2O

18. 그림은 X(NO_3)$_2$ 수용액에 금속 Y와 Z를 순서대로 넣어 반응시켰을 때 수용액 속에 존재하는 금속 양이온만을 모형으로 나타낸 것이다.

이에 대한 설명으로 옳은 것만을 〈보기〉에서 있는 대로 고른 것은? (단, X~Z는 임의의 원소 기호이고, 음이온은 반응하지 않는다.)

〈 보기 〉
ㄱ. X(NO_3)$_2$(aq)에 Y를 넣어 줄 때 Y는 환원제로 작용한다.
ㄴ. 금속의 반응성은 Z가 Y보다 크다.
ㄷ. 금속 이온의 산화수 비는 ● : ■ = 1 : 1이다.

① ㄱ
② ㄴ
③ ㄱ, ㄷ
④ ㄱ, ㄴ, ㄷ

19. $CuSO_4$ 수용액을 전기 분해하여 구리 25.6g을 얻으려고 한다. 이때 필요한 전하량[C]은?
(단, Cu의 원자량은 64.0이고, Faraday 상수는 $96,500\,C\,mol^{-1}$)

① 38,600
② 57,900
③ 77,200
④ 96,500

20. [Co(NH$_3$)$_4$Br$_2$]$^+$에 대한 설명 중 잘못된 것은?

① 팔면체 구조이다.
② 중심 원자의 산화수는 +2이다.
③ 리간드는 모두 염기이다.
④ 기하 이성질체를 갖는다.

제9회 최종모의고사

응시번호＿＿＿＿＿＿＿＿＿＿＿　성명＿＿＿＿＿＿＿＿＿＿＿　　　　　　　　점수＿＿＿＿＿＿＿점

01. 다음의 표는 주기율표의 일부분이다. A~F는 임의의 원소 기호이다. 원소 A~F에 대한 설명으로 가장 적절한 것은?

족 \ 주기	1	2	13	14	15	16	17	18
1	A							B
2	C						D	
3	E						F	

① A~F 중 금속 원소는 3가지이다.
② B는 음이온이 되려는 성질이 없으므로 준금속이다.
③ C는 E보다 전자를 더 쉽게 잃는다.
④ CF와 EF는 불꽃 반응으로 구별할 수 있다.

02. 다음 표는 원소와 이온의 구성 입자수를 나타낸 것이다. 이에 대한 설명으로 옳은 것을 보기에서 모두 고른 것은? (단, A~D는 임의의 원소 기호이다.)

	A	B	C	D
양성자수	7	8	6	6
중성자수	7	8	8	6
전자수	7	6	6	6

㉠ C의 원자번호는 8이다.
㉡ B는 양이온이다.
㉢ A와 C는 질량수가 같다.
㉣ B와 D는 동위원소이다.

① ㉡, ㉢
② ㉠, ㉡, ㉢
③ ㉡, ㉢, ㉣
④ ㉠, ㉡, ㉢, ㉣

03. 다음 중 양자수에 대한 설명으로 가장 옳지 않은 것은?

① 주양자수(n)가 3일 때, 가능한 각운동량 양자수(l)는 1, 2, 3이다.
② 각운동량 양자수(l)가 2일 때, 가능한 자기 양자수(m_l)는 -2, -1, 0, $+1$, $+2$이다.
③ 스핀 양자수(m_s)는 다른 양자수에 관계없이 항상 $-\frac{1}{2}$ 또는 $+\frac{1}{2}$을 갖는다.
④ 한 원자에서 어떠한 두 전자도 같은 값의 네 가지 양자수(n, l, m_l, m_s)를 가질 수 없다.

04. 다음은 $1s^2 2s^2 2p^6$의 전자배치를 갖는 몇 가지 이온들을 나타낸 것이다.

$$A^+ \quad B^{2+} \quad C^- \quad D^{2-}$$

이에 대한 설명으로 〈보기〉중 옳은 것을 모두 고른 것은 무엇인가? (단, A~D는 임의의 원소 기호이다.)

〈보기〉
(가) A~D는 모두 2주기 원소이다.
(나) 이온 반지름이 가장 작은 것은 B^{2+}이다.
(다) 전기음성도가 가장 큰 중성원자는 C이다.

① (가)
② (나)
③ (다)
④ (나), (다)

05. 아래의 그림은 같은 부피의 용기에 들어 있는 기체 X와 산소(O_2)의 질량을 나타낸 것이다.

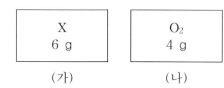

(가)   (나)

이에 대한 설명으로 가장 거리가 먼 것은?
(단, 기체의 온도와 압력은 같고, X는 산소 원자로만 이루어져 있으며, O의 원자량은 16이다.)

① X의 분자량은 48이다.
② (가)의 밀도는 (나)보다 1.5배 크다.
③ 기체 분자의 수는 (가)가 (나)보다 많다.
④ 산소 원자의 개수비는 (가) : (나) = 3 : 2이다.

06. 그림은 두 용기에 들어 있는 기체 X_2Z_2, Y_2Z_4의 부피와 질량을 나타낸 것이다. 두 기체의 온도와 압력은 같다.

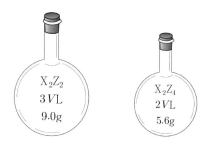

$\dfrac{X_2Z_2\ 1g에\ 들어\ 있는\ 전체\ 원자의\ 양(mol)}{Y_2Z_4\ VL에\ 들어\ 있는\ 전체\ 원자의\ 양(mol)}$ 은?
(단, X~Z는 임의의 원소 기호이다.)

① $\dfrac{4}{27}$ ② $\dfrac{2}{9}$

③ $\dfrac{4}{9}$ ④ $\dfrac{9}{4}$

07. 12.5% 황산용액에 77.5% 황산용액 200kg을 혼합하였더니 19%의 황산용액이 되었다. 이때 만들어진 19%의 황산용액의 양은? (단, 농도는 중량 퍼센트이다.)

① 1,500kg   ② 1,800kg
③ 2,000kg   ④ 2,200kg

08. 다음은 HCl과 관련된 실험이다.

(가) 염화수소(HCl) 기체를 물에 녹여 A(aq)를 만들었다.
(나) A(aq)에 Mg(s)을 넣었더니 B(g)가 발생하였다.

이에 대한 설명으로 옳은 것을 모두 고른 것은?

㉠ A(aq)는 전기전도성이 있다.
㉡ B는 Cl_2이다.
㉢ (나)에서 혼합 용액에 들어있는 전체 이온의 수는 반응 전과 후가 같다.

① ㉠   ② ㉠, ㉢
③ ㉡, ㉢   ④ ㉠, ㉡, ㉢

09. 반데르 발스식에 a값이 작은 것부터 나열한 것은?

H_2 N_2 CO_2 NH_3

① $H_2 < CO_2 < N_2 < NH_3$
② $H_2 < N_2 < CO_2 < NH_3$
③ $NH_3 < CO_2 < H_2 < N_2$
④ $NH_3 < CO_2 < N_2 < H_2$

10. 다음은 중성 원자 A~C의 전자 배치를 나타낸 것이다.

	$1s$	$2s$	$2p$
A	↑↓	↑↓	↑ | ↑ | ↑
B	↑↓	↑↓	↑↑ | |
C	↑↓	↑	↑ | ↑ | ↑

이에 대한 설명으로 옳은 것은? (단, A~C는 임의의 원소 기호이다.)

① A의 원자가전자 수는 3개이다.
② B는 파울리 배타 원리를 만족한다.
③ C의 양성자 수는 6개이다.
④ A와 C는 바닥상태에서 홀전자 수가 같다.

11. 다음은 질소와 산소가 반응하여 일산화질소가 생성되는 반응의 평형 반응식이다.

$$N_2(g) + O_2(g) \rightleftharpoons 2NO(g)$$

이 반응이 밀폐된 강철 용기에서 일어날 때, 평형 상수(K_p)는 2,200K에서 1.1×10^{-3}이고, 2,500K에서 3.6×10^{-3}이었다. 이에 대한 설명으로 옳은 것은?

① 이 반응은 발열 반응이다.
② 용기 내 압력은 2,200K에서와 2,500K에서가 동일하다.
③ 2,200K의 평형에서 용기 내 압력을 높이면 평형은 왼쪽으로 이동한다.
④ 2,500K의 평형에서 용기에 $He(g)$를 주입하면 $NO(g)$의 부분 압력은 변하지 않는다.

12. 다음 중 0.15mol/L HCl 용액 80mL와 0.08mol/L NaOH 용액 120mL를 혼합하였을 때 혼합 용액의 pH로 가장 적절한 것은? (단, log2 = 0.3, log3 = 0.48이다.)

① 1.92   ② 2.22
③ 2.40   ④ 2.86

13. 1.0mol의 젖산(HLac, $K_a = 1.0 \times 10^{-4}$)과 1.0mol의 젖산나트륨(NaLac)을 물에 녹여 1L의 완충 용액을 만들었다. 이 용액에 0.2몰의 NaOH를 첨가하였을 때 pH는 얼마나 되겠는가? (단, log2 = 0.30, log3 = 0.48)

① 3.84   ② 4.03
③ 4.18   ④ 4.35

14. 물질 (가)~(라)에서 밑줄 친 원자의 산화수를 모두 합한 값은 얼마인가?

(가) H C̲l	(나) H C̲lO
(다) $H_2 O̲_2$	(라) O̲F_2

① −3   ② −1
③ 0   ④ +1

15. 다음 중 화합물의 결합각 크기를 순서대로 나열한 것으로 가장 적절한 것은 무엇인가?

① $BeF_2 < CH_4 < NH_3 < H_2O$
② $NH_3 < CH_4 < H_2O < BeF_2$
③ $BeF_2 < NH_3 < H_2O < CH_4$
④ $H_2O < NH_3 < CH_4 < BeF_2$

16. 다음의 착이온 중에서 입체 구조가 잘못된 것은?

① $[Ag(NH_3)_2]^+$: 직선형 구조

② $[Ni(CN)_4]^{2+}$: 정사면체 구조

③ $[Cu(NH_3)_4]^{2+}$: 사각평면 구조

④ $[Co(NH_3)_4Br_2]^+$: 정팔면체 구조

17. 다음 물질의 끓는점을 순서대로 옳게 나열한 것은?

$$H_2O \quad CH_4 \quad MgO \quad NaF \quad Ne$$

① $H_2O > MgO > NaF > Ne > CH_4$

② $H_2O > Ne > CH_4 > MgO > NaF$

③ $MgO > NaF > H_2O > Ne > CH_4$

④ $MgO > NaF > H_2O > CH_4 > Ne$

18. 다음 세 가지 염에 대한 설명으로 옳지 않은 것은?

(가) NH_4NO_3
(나) $NaHCO_3$
(다) $Ca(OH)_2$

① (가)는 강한 산과 약한 염기의 중화 반응에 의해 생성되었다.

② (나)는 H^+을 가지고 있으므로 산성염이다.

③ (나)를 물에 녹이면 $[H^+] < [OH^-]$이 된다.

④ (가), (나), (다) 모두 물에 녹이면 같은 액성을 가진다.

19. 다음 화학반응식에 대한 설명으로 가장 옳지 않은 것은?

(가) $NH_3(aq) + H_2O(l) \rightarrow$
$$NH_4^+(aq) + OH^-(aq)$$

(나) $2Na(s) + Cl_2(g) \rightarrow 2NaCl(s)$

(다) $H_2(g) + Cl_2(g) \rightarrow 2HCl(g)$

① (가)에서 NH_3는 염기이다.

② (나)는 산화환원반응이다.

③ (다)에서 H의 산화수는 증가한다.

④ (가)에서 결합각은 NH_3가 NH_4^+보다 크다.

20. 과망가니즈산 이온은 황산 용액에서 철(Ⅱ) 이온을 철(Ⅲ) 이온으로 변화시키고 과망가니즈산 이온 자신은 망가니즈(Ⅱ) 이온으로 변한다. 이 반응의 산화 반쪽 반응식과 환원 반쪽 반응식은 다음과 같다.

$$Fe^{2+} \rightarrow Fe^{3+} + e^-$$
$$MnO_4^- + aH^+ + be^- \rightarrow Mn^{2+} + cH_2O$$

이에 대한 설명으로 옳은 것은?

① $b + c$는 8이다.

② 과망가니즈산 이온(MnO_4^-)은 산화된다.

③ 수소 이온(H^+)은 산화제이다.

④ 5몰의 철(Ⅱ)이온이 철(Ⅲ)이온으로 변할 때 반응하는 과망가니즈산 이온은 1몰이다.

제10회 최종모의고사

응시번호 _____ 성명 _____ 점수 _____ 점

01. 다음의 설명 중 옳지 않은 것은?

① 원자번호(Z)는 각 원자의 핵에 있는 양성자의 수와 같다.

② 원자의 핵에 있는 양성자와 중성자의 수를 합치면 질량수가 된다.

③ 중성자수(N)는 질량수에서 원자번호(Z)를 뺀 것이다.

④ 동위원소란 원자번호와 질량수는 같지만 전자수가 다른 원자이다.

02. 그림은 인류 문명의 발달에 영향을 준 3가지 반응식을 주어진 기준에 따라 분류한 것이다.

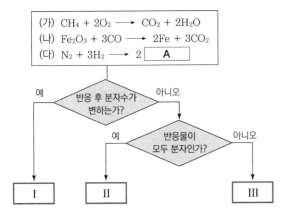

이에 대한 설명으로 옳은 것만을 〈보기〉에서 있는 대로 고른 것은?

〈보기〉

ㄱ. A는 2원자 분자이다.

ㄴ. (가)~(다)는 모두 화학 변화이다.

ㄷ. Ⅲ에 속하는 반응의 화학 반응식에서 화합물은 3가지이다.

① ㄱ ② ㄷ

③ ㄱ, ㄴ ④ ㄴ, ㄷ

03. 표는 원자 A~C에서 각 오비탈에 들어 있는 전자수를 모두 나타낸 것이다.

원자	$1s$	$2s$	$2P_x$	$2P_y$	$2P_z$
A	2	2	1	1	0
B	2	2	0	1	0
C	2	2	2	0	1

바닥상태인 원자만을 있는 대로 고른 것은?
(단, A~C는 임의의 원소 기호이다.)

① A ② C

③ A, B ④ B, C

04. 주기율표의 같은 주기에서 오른쪽으로 갈 때, 주족 원소의 물리적 특성이 변화하는 일반적인 경향으로 옳은 것은?

	이온화 에너지	원자 반지름	전기음성도
①	증가	증가	감소
②	감소	감소	증가
③	증가	감소	증가
④	감소	증가	감소

05. Na과 Mg에 대한 다음 설명 중 옳은 것은?

① Na의 원자 반지름은 Mg보다 더 작다.

② Na^+의 이온 반지름은 Mg^{2+}의 이온 반지름보다 작다.

③ Na의 2차 이온화 에너지는 Mg의 2차 이온화 에너지보다 작다.

④ Na의 2차 이온화 에너지는 Mg의 3차 이온화 에너지보다 작다.

06. 그림은 주기율표에서 원자 번호 1~20인 원소의 위치를 나타낸 것이다.

주기＼족	1	2	13	14	15	16	17	18
1								
2								
3								
4								

위의 원소 중 제시된 (가)~(다)에 해당하는 원소의 원자 번호를 모두 합한 값은?

―〈 보기 〉―

(가) 전기 음성도가 가장 작은 원소
(나) 제1이온화 에너지가 가장 큰 원소
(다) 원자 반지름이 가장 큰 원소

① 30 ② 31
③ 40 ④ 41

07. 다음의 분자 궤도함수로 설명할 수 없는 화학종은?

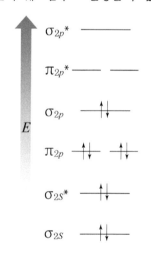

① C_2^- ② CN^-
③ N_2 ④ NO^+

08. 이원자 분자 p오비탈−s오비탈 혼합을 고려해서 분자 오비탈의 에너지 순서를 정하고 전자를 채웠을 때, 분자와 자기성을 나타낸 것으로 가장 옳지 않은 것은?

① B_2, 상자기성
② C_2, 반자기성
③ O_2, 상자기성
④ F_2, 상자기성

09. 다음은 면심 입방 구조를 갖는 금속(M) 양이온(작은 공모양)과 체심에 존재하는 비금속(X) 음이온(큰 공모양)으로 구성된 화합물의 격자구조 일부를 나타낸 그림이다. 화합물의 화학식은?

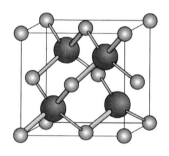

① MX ② MX_2
③ M_2X ④ M_4X

10. 기압 0.293atm, 온도 293K에서 8.2L의 염소기체가 11.5g의 칼륨(K) 금속과 반응하면 몇 g의 염화칼륨(KCl)이 생성되는가?
(단, 염소기체는 이상기체로 가정하고, 이상기체 상수는 0.082(atm · L)/(mol · K)이다. 또한, K의 몰질량은 39.1g/mol이고, KCl의 몰질량은 74.5g/mol이다.)

① 14.9 ② 18.9
③ 22.9 ④ 26.9

11. 〈보기〉를 이용하여 다음 반응의 반응열을 구하면?

$$FeO(s) + Fe_2O_3(s) \rightarrow Fe_3O_4(s)$$

───── 〈보기〉 ─────

$$2Fe(s) + O_2(g) \rightarrow 2FeO(s)$$
$$\Delta H^\circ = -544.0 \text{kJ}$$

$$4Fe(s) + 3O_2(g) \rightarrow 2Fe_2O_3(s)$$
$$\Delta H^\circ = -1648.4 \text{kJ}$$

$$Fe_3O_4(s) \rightarrow 3Fe(s) + 2O_2(g)$$
$$\Delta H^\circ = +1118.4 \text{kJ}$$

① +22.2kJ ② −22.2kJ

③ −1074.0kJ ④ +2184kJ

12. 다음 반응들에서 평형은 모두 오른쪽에 치우쳐 있다. 산성이 증가하는 순서를 바르게 나열한 것은?

$$N_2H_5^+ + NH_3 \rightleftharpoons NH_4^+ + N_2H_4$$
$$NH_3 + HBr \rightleftharpoons NH_4^+ + Br^-$$
$$2NH_4 + HBr \rightleftharpoons N_2H_5^+ + Br^-$$

① $HBr > N_2H_5^+ > NH_4^+$

② $N_2H_5^+ > N_2H_4 > NH_4^+$

③ $NH_3 > N_2H_4 > Br^-$

④ $N_2H_5^+ > HBr > NH_4^+$

13. 다음 설명 중 옳지 않은 것은?

① FeO에서 Fe의 산화수는 +2이다.
② N_2O_5에서 N의 산화수는 +5이다.
③ NaH에서 H의 산화수는 +1이다.
④ H_2SO_3에서 S의 산화수는 +4이다.

14. 루이스(Lewis) 구조와 원자가 껍질 전자쌍 반발(VSEPR) 모형을 기초로 하여 분자구조를 나타내었을 때, 〈보기〉중 XeF_4와 같은 분자구조를 갖는 화합물의 총 개수는?

───── 〈보기〉 ─────

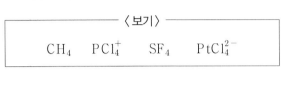

$$CH_4 \quad PCl_4^+ \quad SF_4 \quad PtCl_4^{2-}$$

① 1개 ② 2개

③ 3개 ④ 4개

15. 그림 (가)는 20℃, 1기압에서 이산화 탄소(CO_2)가 들어 있는 실린더를, (나)와 (다)는 각각 물(H_2O)과 포도당($C_6H_{12}O_6$)이 들어 있는 비커를 나타낸 것이다.

이에 대한 설명으로 옳은 것만을 〈보기〉에서 있는 대로 고른 것은? (단, 20℃, 1기압에서 기체 1몰의 부피는 24L이고, CO_2, H_2O, $C_6H_{12}O_6$의 분자량은 각각 44, 18, 180이며, 피스톤의 질량과 마찰은 무시한다.)

───── 〈보기〉 ─────

ㄱ. 질량은 (가)의 이산화 탄소가 (나)의 물보다 크다.
ㄴ. 분자 수는 (가)의 이산화 탄소와 (다)의 포도당이 같다.
ㄷ. 포도당 45g에 포함된 산소 원자 수는 물 1몰에 포함된 산소 원자 수의 1.5배이다.

① ㄱ ② ㄷ

③ ㄱ, ㄴ ④ ㄴ, ㄷ

16. 반응식의 균형을 맞출 경우에, (가)~(다)로 가장 옳은 것은?

〈보기〉

$3NaHCO_3(aq) + C_6H_8O_7(aq) \rightarrow$
$(가)CO_2(g) + (나)H_2O(l) + (다)Na_3C_6H_5O_7(aq)$

	(가)	(나)	(다)
①	2	3	2
②	3	3	1
③	2	3	3
④	3	3	3

17. 다음은 브로민화 마그네슘($MgBr_2$)과 관련된 2가지 반응의 화학 반응식이다.

(가) $MgBr_2 + Cl_2 \rightarrow MgCl_2 + Br_2$

(나) $a MgBr_2 + b Al \rightarrow c AlBr_3 + d Mg$

($a \sim d$는 반응 계수)

같은 질량의 $MgBr_2$이 반응할 때 이동하는 전자의 몰수는 (나)가 (가)의 몇 배인가?

① $\dfrac{1}{3}$　　　② 1

③ $\dfrac{3}{2}$　　　④ 3

18. 다음은 이산화 황(SO_2)과 관련된 2가지 반응의 화학 반응식이다.

(가) $SO_2 + 2H_2S \rightarrow 2H_2O + 3S$

(나) $SO_2 + Cl_2 + 2H_2O \rightarrow H_2SO_4 + 2HCl$

(가)와 (나)의 반응물과 생성물에서 S의 산화수 중 가장 작은 값(㉠)과 가장 큰 값(㉡)은?

	㉠	㉡
①	−2	+2
②	−2	+4
③	−2	+6
④	0	+4

19. 다음과 같은 염을 이용하여 만든 수용액 중에서 가장 센 산성용액은?

① $KClO_4$　　　② NH_4I

③ Na_3PO_4　　④ $NaCl$

20. $Cu^{2+}(aq) + Co(s) \rightarrow Cu(s) + Co^{2+}(aq)$ 반응식을 갖는 볼타 전지가 있다. 25℃에서 이 전지의 표준 전지 전위 $E° = 0.62V$이고, 환원 전극의 표준 환원 전위 $E° = 0.34V$일 때, 산화 전극의 표준 환원 전위 $E°[V]$는?

① −0.28　　　② −0.96

③ +0.28　　　④ +0.96

합격해

화학

전공모의고사
vol.1

해설편

01	02	03	04	05	06	07	08	09	10
①	③	④	③	②	②	①	①	③	②
11	12	13	14	15	16	17	18	19	20
②	②	③	②	①	②	③	③	①	③

01 [기체 분자 운동론, 난이도 상]

해설

① 기체 분자의 평균 운동 속력은 온도의 제곱근에 비례하고, 분자량의 제곱근에 반비례하므로 (가)와 (나)에서 같다.

$$v \propto \sqrt{\frac{T}{M}}$$

②, ③ 같은 온도에서 분자의 평균 운동 에너지는 같고 전체 분자 운동 에너지는 분자 수에 비례하므로 (다) > (가)이다.

④ (나)의 기체 Y와 (다)의 기체 X의 속력과 분자수가 같으므로, 용기 벽과의 충돌 횟수는 같고, (다)에 기체 Y가 3개 더 들어있으므로 총 충돌 횟수는 (다) > (나)이다.

02 [분자 궤도 함수, 난이도 상]

해설

X_2는 N_2이고, Y_2는 O_2이다.

① Y_2의 결합 차수는 $\frac{6-2}{2} = 2$이다.

② X_2는 반자기성이고, Y_2는 상자기성이다.

③ Y_2의 원자가전자의 에너지보다 Y의 원자가전자의 에너지가 더 낮다. 따라서 이온화 에너지는 Y_2보다 Y의 이온화 에너지가 더 크다.

03 [분자 구조와 혼성 오비탈, 난이도 중]

해설

sp의 경우 CO_2, sp^2의 경우 O_2, sp^3의 경우 F_2가 선형 구조에 해당된다.

04 [보어의 원자 모형, 난이도 중]

해설

다전자원자의 경우 오비탈의 에너지는 다음과 같다.

$$E_n = -\frac{Z^2}{n^2} \times k \text{ kJ/mol}$$

$$\Delta E = E_4 - E_3 = -\frac{3^2}{4^2}k - \left(\frac{3^2}{3^2}\right)k = \frac{7}{16}k$$

05 [원소의 주기적 성질, 난이도 중]

해설

Be, Mg, Ca는 모두 2족 원소이다.

ㄱ. 같은 족에서 전기음성도는 원자번호가 증가할수록 감소하므로 크기 순서는 Be > Mg > Ca이다.

ㄴ. 같은 족에서 원자 반지름은 원자번호가 증가할수록 증가하므로 크기 순서는 Be < Mg < Ca이다.

ㄷ. 같은 족에서 유효 핵전하는 원자번호가 증가할수록 증가하므로 크기 순서는 Be < Mg < Ca이다.

06 [전자기파의 이용, 난이도 하]

해설

각 전자기파가 적용되는 경우를 꼭 기억하고 있어야 한다.

07 [돌턴의 혼합 기체 법칙, 난이도 중]

해설

$$w = \frac{MPV}{RT} = \frac{2 \times \left(\frac{760-24.1}{760}\right) \times 0.0682}{0.082 \times 298} = 5.4 \times 10^{-3} \text{g}$$
$$= 5.4 \text{mg}$$

08 [실제 기체, 하]

해설

Ar의 분자량이 Ne보다 크므로 분산력도 더 크다. 따라서 a값도 Ar이 더 크다.

09 [착이온의 분자 구조, 난이도 상]

해설

Ni은 강한장 리간드(CN^-)와 결합할 때에는 평면 사각형 구조를, 약한장 리간드와 결합할 때에는 사면체 구조를 형성한다.

10 [탄소 화합물의 명명법, 난이도 중]

해설

위 화합물의 탄소에 번호를 부여하는 방법은 다음과 같이 두 가지가 있다.

1,5-methylcyclohexane
(X)

1,3-methylcyclohexane
(O)

이때 두 치환기에 더 작은 숫자가 부여되는 오른쪽이 옳은 명명법이다.

11 [방향족 탄화수소 유도체. 난이도 하]

해설

① 탄소 사이의 결합 길이는 (가) < (나)이다. (가)는 3중 결합, (나)는 1.5결합이다.

② (나)와 (다)의 완전 연소 생성물은 CO_2와 H_2O로 같다.

③ 물에 녹아 산성을 나타내는 것은 페놀뿐이다.

④ 적갈색의 브롬수를 탈색시키는 것은 3중 결합을 포함하고 있는 아세틸렌 1개이다.

12 [산성 산화물. 난이도 중]

해설

비금속 산화물 CO_2, NO_2, Cl_2O_7 세 개가 산성 산화물이다.

13 [수소 결합의 세기. 난이도 상]

해설

양성자를 잘 제공할수록, 양성자를 잘 받을수록 수소 결합의 세기는 증가한다. 양성자는 극성이 클수록 잘 제공되고, 비공유 전자쌍이 있는 원자의 염기도가 클수록 양성자를 잘 받을 수 있다. 극성은 $O-H$ 결합이 $N-H$ 결합보다 크므로 양성자를 잘 제공할 수 있고, N가 O보다 유효핵전하량이 작아서 염기도가 더 크므로 양성자를 잘 받을 수 있다.

14 [결합 차수와 자기성. 난이도 상]

해설

CN^-의 총 전자수는 N_2의 전자수와 같다. 따라서 결합차수와 자기성도 N_2와 같다. N_2의 결합차수는 3이고, 반자기성이다.

15 [홀전자수와 이온화 에너지. 난이도 중]

해설

홀전자 수가 1인 Li, B, F 중 제1이온화 에너지는 F이, 제2 이온화 에너지는 Li이 가장 크다.

16 [완충 용액. 난이도 중]

해설

$$7 = 7 - \log 4.3 + \log \frac{[HCO_3^-]}{[H_2CO_3]} = 4.3$$

17 [염의 액성. 난이도 중]

해설

양쪽성 염의 액성은 그 액성을 기억하고 있어야 한다.

18 [금속의 표준 환원 전위. 난이도 하]

해설

표준 환원 전위($E°$)가 상대적으로 작다는 것은 환원을 잘 못한다는 것이다. 즉 산화되기 쉬우므로 갈바니 전지에서 (-)극이 된다.

19 [표준 생성 엔탈피. 난이도 중]

해설

O_2의 표준 생성엔탈피값은 0이다. 따라서 원자인 O는 분자인 O_2에 비해 많은 에너지를 갖고 있기 때문에 표준 생성엔탈피값은 0보다 큰 양의 값이어야 한다.

20 [자발적 반응. 난이도 하]

해설

① 자발적 반응이더라도 느리게 진행될 수 있다.

② 계의 엔트로피가 감소되어도 주위의 엔트로피 증가가 더 크면 자발적 반응이 일어난다.

④ 비자발적 반응이라도 온도를 변화시켜 자발적 반응이 될 수 있다.

01	02	03	04	05	06	07	08	09	10
③	②	③	①	②	④	③	④	③	②
11	12	13	14	15	16	17	18	19	20
②	④	③	①	③	③	④	③	③	④

01 [전자기파의 이용. 난이도 하]

해설

분자의 결합 에너지를 끊는데 사용되는 전자기파는 자외선이다.

02 [분자의 구조. 난이도 중]

해설

XCl_3로부터 X는 13족 또는 15족 원소임을 알 수 있고 또한 무극성 물질이라면 13족의 B이다. 따라서 분자 모양은 평면 삼각형 구조이다.

03 [폼알데하이드의 특성. 난이도 하]

해설

카복시기와 포르밀기를 모두 갖고 있는 분자이어야 한다. 따라서 산성과 환원성을 동시에 갖는 분자는 $HCHO$이다.

04 [분자간 인력. 난이도 중]

해설

가. 분자량은 같지만 표면적인 더 큰 B의 끓는점이 더 높다.

다. 둘 다 F, O, N에 직접 결합한 수소가 없으므로 수소 결합을 할 수가 없다.

05 [고체의 결정 구조. 난이도 중]

해설

Cu: 면 $\frac{1}{2} \times 6 = 3$

Au: 꼭지점 $\frac{1}{8} \times 8 = 1$

Cu : Au = 3 : 1

합금의 화학식은 Cu_3Au이다.

06 [인 화합물의 성질. 난이도 상]

해설

① P의 산화수는 +5로 변하지 않는다.

② $SOCl_2$는 SN = 4로 1쌍의 비공유 전자쌍을 갖는 삼각뿔 모양의 분자 구조를 갖는다.

③ 반응물과 생성물중 무극성 화합물은 1개(PCl_5)있다.

④ 중심 원자가 sp^3혼성궤도함수를 갖는 화합물은 2개($SOCl_2$와 $POCl_2$)이다.

07 [평형 상수와 반응 속도. 난이도 중]

해설

K값의 크기와 반응 속도는 상관이 없다. 따라서 K값이 큰 경우에도 빠른 반응과 느린 반응이 있다.

08 [리간드장. 난이도 상]

해설

강한장 리간드가 적을수록 흡수되는 에너지가 작아서 파장이 길어지게 된다.

09 [반응열의 계산. 난이도 상]

해설

용해열은 격자에너지와 수화 에너지(ΔH°)의 합임을 이용해서 구할 수 있다. 이 과정을 하나의 순환 과정으로 보고 계산하면 다음과 같다.

$$17.2 - \Delta H^\circ - 701.2 = 0 \quad \Delta H^\circ = -684 \text{kJ}$$

10 [열적 평형. 난이도 중]

해설

기름이 잃은 열량과 금속공이 얻은 열량이 같음을 이용한다. 열평형에 도달했을 때의 온도를 T라고 하면,

$$6 \times 0.5 \times (400 - T) = 1 \times 1 \times (T - 300)$$
$$T = 375 \text{K}$$

11 [기체 분자 운동론. 난이도 하]

해설

가장 빈도수가 높은 분자속도를 갖는 분자들의 수는 감소한다.

12 [인의 산소산 화합물. 난이도 상]

H_3PO_4는 3가 산이지만 H_3PO_3은 2가 산이다. P과 결합한 수소는 이온화되지 않는다.

Phosphorous acid

13 [반응 속도와 에너지. 난이도 중]

③ 반응 속도식의 전체 반응 차수는 농도 변화량에 대한 속도 변화량에 영향을 받는다. 반응 단계의 수와는 상관이 없다.

14 [반응 속도와 pH. 난이도 상]

$v = k[CH_3OH][OH^-]$

$pH = 13 \quad [OH^-] = 10^{-1}M$

$pH = 14 \quad [OH^-] = 1M$

$\dfrac{v_{13}}{v_{14}} = \dfrac{10^{-1}}{1} = 1:10$

15 [평형 농도. 난이도 중]

$Q = \dfrac{0.1^2}{0.1^2} = 1 < 9$ 정반응 진행

$K = \dfrac{(0.1+2x)^2}{(0.1+x)^2} = 3^2 \qquad x = 0.04$

$[XY] = 0.1 + 2x = 0.1 + 2 \times 0.04 = 0.18M$

16 [평형 이동. 난이도 중]

① $NO_2(g)$를 첨가하면 역반응이 진행된다.

② 평형 혼합물의 부피를 일정하게 하고 가열하면 흡열반응인 역반응이 진행된다.

③ 온도 변화 없이 평형 혼합물의 부피를 감소시키면 단위부피 당 입자수가 증가되므로 입자수가 감소되는 정반응이 진행된다.

④ 부피 변화 없이 평형 혼합물에 Ar 기체를 첨가하더라도 분압의 변화가 없으므로 평형 이동은 없다.

17 [핸더슨-하셀바흐 식. 난이도 하]

$pH = pKa + \log[A^-]/[HA]$

18 [완충 용액의 pH. 난이도 상]

$CH_3COOH = 0.1 + 0.02 = 0.12M$

$CH_3COO^- = 0.1 - 0.02 = 0.08M$

$pH = pK_a + \log\dfrac{[CH_3COO^-]}{[CH_3COOH]}$

$pH = 5 + \log\left(\dfrac{0.08}{0.12}\right) = 4.82$

19 [네른스트 방정식. 난이도 상]

$Fe(s) + Cu^{2+}(aq) \rightarrow Fe^{2+}(aq) + Cu(s)$

$0.807 = E^\circ - \dfrac{0.0592}{2}\log\left(\dfrac{0.001}{0.1}\right)$

$E^\circ = 0.748\,V$

20 [전지의 기전력. 난이도 상]

$E^\circ = E^\circ_{OX} + E^\circ_{RE}$

$0.91 = x - 0.76 \quad x = 1.67$ 환원 전위이므로 $-1.67\,V$

01	02	03	04	05	06	07	08	09	10
③	④	②	①	②	①	②	③	④	④
11	12	13	14	15	16	17	18	19	20
④	②	②	④	①	④	②	③	③	③

01 [양적 관계. 난이도 하]

해설

$FeS(s) + 2HCl(aq) \rightarrow FeCl_2(aq) + H_2S(g)$

H_2S의 몰수와 FeS의 몰수$\left(= \dfrac{22g}{88g/mol}\right)$는 같다.

$$H_2S = \left(\dfrac{22g}{88g/mol}\right) \times 22.4L/mol \times 0.8$$

$$= 4.48L$$

02 [산화 환원 반응. 난이도 중]

해설

ㄱ, ㄴ. 산화제란 다른 물질을 산화시키고 자신은 환원되는 물질을 의미한다. 위 식에서 Cu는 전자 2몰을 잃어 Cu^{2+}로 산화되었으므로 환원제이다.

ㄷ. 질소의 산화수는 NO_3^-에서 +5이고 NO_2에서 +4이므로 1만큼 감소하였다.

ㄹ. $Cu : NO_2$의 몰수비는 $1 : 2$ 이다. 0.64g의 Cu는 0.01몰이므로, 발생하는 NO_2의 몰수비는 표준상태에서 0.02몰이다. 1몰당 기체의 부피는 22.4L이므로 0.02몰은 0.448L이다.

03 [원소의 주기적 성질. 난이도 하]

해설

같은 주기에서 원자번호가 클수록 원자반지름이 작아지므로, A~G는 각각 A(플루오르), B(산소), C(질소), D(탄소), E(붕소), F(베릴륨), G(리튬)이다. A는 B보다 음이온이 되기 쉽고, 원자번호가 클수록 전자의 개수는 늘어나지만 전자껍질수는 같다. D(탄소)는 원자가전자수가 4이고, C(질소)는 5이다. 이온화 에너지가 작을수록 원자 반지름은 크다. 그러나 예외도 있다.(BOAlS)

04 [원자의 구성 입자와 분자의 종류. 난이도 중]

해설

ㄱ. 전자수는 X+2Y=32, X+3Y=40에서 X=16, Y=8이므로 (가)는 50이다.

ㄴ. 원자번호는 양성자수(=전자수)와 같으므로 X의 원자번호는 16이다.

ㄷ. XY_2는 극성 물질인 SO_2이다.

05 [반응 메커니즘. 난이도 중]

해설

ㄱ. 반응 메커니즘을 모두 더하면 전체 반응식이 된다.

$$2NO(g) + Br_2(g) \rightarrow 2NOBr(g)$$

ㄴ, ㄷ. $v = k_2[NOBr_2][NO]$

$NOBr_2$는 반응 중간체이므로 이전 평형의 원리에 의해 농도 조절이 가능한 물질로 대체한다.

$$k_1[NO][Br_2] = k_{-1}[NOBr_2]$$

$$[NOBr_2] = \dfrac{k_1}{k_{-1}}[NO][Br_2]$$

$[NOBr_2]$를 대입하면,

$$v = k_2 \dfrac{k_1}{k_{-1}}[NO]^2[Br_2]$$

$$= k[NO]^2[Br_2]$$

ㄹ. 속도 결정 단계는 속도가 느린 단계이다.

06 [상평형과 분자간 인력. 난이도 중]

해설

삼중점 이하의 온도 A에서는 고체 상태이며, D에 비해 밀도가 크다. BC에서는 승화가 일어나고, 기체 상태로 존재하는 CD에서는 온도가 증가할수록 부피가 증가하므로 분자 사이의 인력이 감소한다.

07 [수소 결합. 난이도 중]

해설

ㄱ, ㄷ 수소 결합으로 강한 인력이 작용하여 이합체를 만든다. 물은 수소 결합으로 분자간 인력이 매우 커서 끓는점이 높다.

ㄴ, ㄹ 요오드는 무극성 분자이므로 승화성을 갖고, HCl보다 HBr이 높은 온도에서 끓는 것은 분산력 때문이다.

08 [고체의 결정 구조. 난이도 중]

해설

이 물질은 금속 원소와 비금속 원소로 이루어져 있고, 결정 구조로 보아 이온 결정성 물질임을 알 수 있다. 이온성 물질은 양이온과 음이온이 강하게 결합되어 있으므로 상온에서 고체이다. 이온 결정은 고체 상태에서 전기의 부도체이며, 일반적으로 극성인 물에 잘 녹아 이온화된다.

09 [화학식량과 몰. 난이도 하]

해설

기체 A는 1몰(6×10^{23}개)이므로 22.4L이다.
기체 B는 0.5몰이므로 16g이며, 11.2L이다.
기체 C는 0.1몰이므로 6.4g이며 6×10^{22}개이다.

10 [수용액의 액성. 난이도 중]

해설

(가)의 염은 NH_3와 HNO_3의 중화 반응에 의해 생기며, 이온화되는 수소나 수산화 이온이 없으므로 정염이고, 가수 분해하면 약한 산성을 나타낸다. (나)의 염은 $NaOH$과 H_2CO_3의 중화 반응에 의해 생성되며, 이온화하는 수소가 있으므로 산성염이지만, 가수 분해하면 약한 염기성을 나타낸다. (다)의 염은 염기성 염이고, 물에 녹으면 강한 염기성이 된다.

11 [양자수. 난이도 하]

해설

④ $m_l = 2 \rightarrow m_l = 0$

12 [산화수. 난이도 중]

해설

산화는 산소와의 결합, 수소의 이탈, 전자의 이탈, 산화수의 증가이다. 이러한 변화가 있는지 없는지 조사해야 한다. ②는 산화수의 변화가 없다.

13 [라울의 법칙. 난이도 상]

해설

A와 B의 두 휘발성 물질의 이성분용액의 각 성분의 부분 증기압은

$$P_A = f_A \cdot P_A^\circ \qquad\qquad P_B = f_B \cdot P_B^\circ$$

용액과 이웃한 기체상의 전체 증기압은 이들 부분 증기압의 합이 될 것이다.

$$P_{전체} = P_A + P_B = f_A \cdot P_A^\circ + f_B \cdot P_B^\circ$$

$$P_B = f_B \cdot P_B^\circ = 0.4 \times 120 = 48\text{torr}$$

$$P_T = f_T \cdot P_T^\circ = 0.6 \times 40 = 24\text{torr}$$

증기속에서 벤젠의 몰분율은 $f_B = 48 = 0.67$

14 [염기의 이온화 평형과 pH. 난이도 중]

해설

$$C_4H_{10}NH(aq) + H_2O(l) \rightleftharpoons C_4H_{10}NH_2^+(aq) + OH^-(aq)$$

처음	0.1	0	0
반응	$-y$	$+y$	$+y$
나중	$0.1 - y$	y	y

$$K_b = \frac{(y)(y)}{(0.1-y)} \div \frac{(y)(y)}{0.1} = 1.0 \times 10^{-3}$$

$$y^2 = 10^{-4}, \quad y = 10^{-2}, \quad pOH = 2, \quad pH = 12$$

15 [평형 상수. 난이도 하]

해설

① K의 크기와 평형에 도달하는 시간 사이에는 직접적인 관계 없다.

16 [이온의 크기. 난이도 하]

해설

이온 반지름에 관여하는 것은 1. 껍질수 2. 핵전하량 3. 전자의 반발력이다.

④ Na < K(전자 껍질수)

17 [산의 이온화 평형. 난이도 하]

해설

② H_2S의 짝염기는 HS^-이다.

① 반응은 강한 쪽에서 약한 쪽으로 진행되므로, 역반응이 우세하게 된다.($K < 1$)

③ 이온화상수가 클수록 산의 세기는 증가한다.

④ 짝염기의 세기는 산의 세기가 약할수록 강하다.

18 [분자궤도함수. 난이도 상]

해설

O_2: $(\sigma_{2s})^2 (\sigma_{2s}^*)^2 (\sigma_{2p})^2 (\pi_{2p}^4)(\pi_{2p}^*)^2$

O_2^{2-}: $(\sigma_{2s})^2 (\sigma_{2s}^*)^2 (\sigma_{2p})^2 (\pi_{2p}^4)(\pi_{2p}^*)^4$

19 [결정장 갈라짐 에너지. 난이도 상]

해설

③ 금속 이온의 홀전자수는 결정장 갈라짐에너지의 크기와 관계가 없다.

① 금속 이온의 산화 상태가 클수록 결정장 갈라짐 에너지가 증가한다.

② 금속 이온의 크기가 클수록 결정장 갈라짐 에너지가 증가한다.

④ 리간드의 개수가 많을수록 결정장 갈라짐 에너지가 증가한다. 정사면체 구조일 때보다 팔면체 구조인 경우 결정장 갈라짐 에너지가 더 크다.

20 [분자 구조. 난이도 상]

해설

ㄱ, ㄴ, ㄷ.

	PCl_5	SF_4	ICl_3	KrF_2
중심원자의 비공유 전자쌍	0	1	2	3
중심원자의 혼성	dsp^3	dsp^3	dsp^3	dsp^3
분자의 모양	삼각쌍뿔	시소형	(뒤틀린) T형	직선형

ㄹ. 분자 내 결합 길이가 모두 같은 것은 KrF_2이다.

제4회 최종 모의고사

01	02	03	04	05	06	07	08	09	10
③	③	②	②	①	②	④	④	③	④

11	12	13	14	15	16	17	18	19	20
②	②	④	④	③	①	③	④	④	②

01 [양적 관계. 난이도 하]

해설

화학 반응식은 다음과 같다.

$$2NaN_3(s) \rightarrow 2Na(s) + 3N_2(g)$$

아자이드화나트륨 6.5g은 0.1mol이므로 질소의 몰수는 0.15mol 이므로 이를 부피로 환산하면 $0.15mol \times 22.4L/mol = 3.36L$가 된다.

02 [원소와 화합물. 난이도 하]

해설

ㄱ. 원소란 홑원소물질로 1가지 원소로만 이루어진 물질을 말한다. 금속, 동종 이원자 분자, 비활성 기체, 탄소(동소체)가 이에 속한다. (가)에서 원소(홑원소물질)은 O_2 1가지로 O_2 는 동종 이원자 분자중 하나이다.

ㄴ. 두 가지 이상의 원소로 이루어진 물질을 말한다. (나)에서 화합물은 NaCl로 2가지 원소(Na, Cl)로 이루어져 있다.

ㄷ. 분자는 여러 가지로 설명될 수 있다. 분자인지 아닌지를 판단하는 기준은 원자 결정(C, SiO_2)를 제외한 공유결합물질이다. (나)에서 분자는 Cl_2로 1가지이다.

03 [양자수 조건. 난이도 하]

해설

양자수의 조건

주양자수(n) $n = 0, 1, 2,,, \infty$ 각운동량 양자수(l) $l = 0, 1, 2, , n-1$ 자기양자수(m) $-l \leq 0 \leq +l$ 스핀양자수(m_s) $m_s = +\frac{1}{2}$ or $-\frac{1}{2}$

① [1,0,+1/2,+1/2] 각운동량 양자수가 0이므로 자기 양자수가 +1/2가 될 수 없다. 0이 되어야 한다.

③ [2,2,1,+1/2] 주양자수가 2이므로 각운동량 양자수는 2보다 작은 값을 가져야 한다.

④ [3,2,1,1] 스핀양자수는 1이 될 수 없다.

04 [분자 구조. 난이도 중]

해설

I_3^-는 입체수 5로 비공유전자쌍이 3쌍이다. 이러한 경우 직선형이다.

05 [열역학. 난이도 중]

해설

주위로 일을 한다는 것은 부피가 증가하는 경우를 말한다. 부피가 증가하기 위해서는 기체가 생성되어야 한다. ②와 ③은 기체가 생성되지 않으므로 주위로 일을 할 수 없고 ④는 반응물과 생성물의 부피가 같으므로 부피가 증가하지 않아 주위로 일을 할 수 없다. 기화가 일어나는 ①만이 부피가 증가하므로 주위로 일을 할 수 있다.

06 [원소의 주기적 성질. 난이도 상]

해설

① 양이온은 원자에 비해 전자껍질수가 감소되므로 원자에 비해 반지름이 작다.

② F는 2주기, Cl은 3주기로 원자 반지름은 당연히 Cl가 F보다 더 크다. S은 Cl와 같은 3주기이다. 그러나 Cl의 유효핵전하가 S보다 더 크기 때문에 Cl의 크기가 더 작다.

③ 전자친화도가 가장 큰 원소는 Cl이다.

④ 원자의 전자 배치는 에너지준위가 낮은 오비탈부터 채워진다.(쌓음의 원리)

07 [금속 산화물과 비금속 산화물. 난이도 중]

해설

NaOH은 염기이다. 염기는 염기와 반응하지 않는다. 결국 ④ MgO는 금속산화물로 염기성을 나타내므로 NaOH와 반응하지 않는다. ② SiO_2와 ③ P_4O_{10}은 비금속 산화물로 산성을 나타내므로 NaOH와 반응하여 염을 형성한다. ① Al_2O_3은 양쪽성 산화물로 산과 염기 모두와 반응하여 염을 형성할 수 있다.

08 [more positive, less positive. 난이도 상]

해설

금속 Na이 반응하여 기체(H_2)를 발생하기 위한 반응이 일어나기 위해서는 우선적으로 Na이 전자를 잃어야 하고 그 잃은 전자를 얻을 수 있는 (+)전하를 띤 물질이 있어야 한다. 주어진 보기 중 ①, ②, ③에서는 수소가 전기음성도가 큰 산소와 결합되어 부분적인 (+)전하를 띠고 있기 때문에 Na이 내놓은 전자를 얻을 수 있어서 수소 기체가 발생할 수 있다. ④에선 수소가 전기음성도가 산소보다 작은 탄소와 결합되어 부분적인 (+)전하를 띠고 있으나 상대적으로 less positive하므로 나트륨의 전자를 얻을 수 없다.

09 [화학 평형 이동의 원리. 난이도 중]

해설

① 생성물인 $NO_2(g)$를 첨가하면 역반응이 진행된다.

② 가열한다는 것은 온도를 증가시키는 것인데 온도를 증가시키면 흡열반응(역반응)이 진행된다.

③ 부피를 감소시키면 단위부피당 입자수가 증가되었으므로 입자수가 감소되는 정반응이 진행된다.

④ 부피 변화 없이 Ar 기체를 첨가하게 되더라도 각 기체의 부분압의 변화가 없으므로 평형은 이동하지 않는다.

10 [가수 분해. 난이도 중]

해설

① NaCl: 중성

Na^+, Cl^-는 구경꾼이므로 물과 가수분해하지 않는다.

② NH_4Cl: 산성

$NH_4^+(aq) + H_2O(l) \rightarrow NH_3(aq) + H_3O^+(aq)$

③ K_2SO_4: 중성

K^+, SO_4^{2-}는 구경꾼이므로 물과 가수분해하지 않는다.

④ $NaHCO_3$: 염기성

$HCO_3^-(aq) + H_2O(l) \rightleftharpoons H_2CO_3(aq) + OH^-(aq)$

11 [착이온의 구조. 난이도 상]

해설

Ni은 약한장 리간드와 결합하는 경우 정사면체 구조를, 강한장 리간드와 결합하는 경우($[Ni(CN)_4]^{2+}$) 평면사각형 구조를 형성한다.

12 [반트호프 인자. 난이도 상]

해설

먼저 반트호프 인자를 구해보면,

$$\Delta T_b = im K_b \qquad 1.12 = i \times \frac{0.5}{2.5} \times 1.86 \qquad i = 3$$

H_2SO_4과 $K_2[PtCl_6]$이 문제되는데 H_2SO_4은 강산이지만 1단계 이온화만 전부 이온화되지만 2단계는 전부 이온화되지 않기 때문에 반트호프 인자 i가 3보다 작아 어는점이 $-1.12℃$ 보다 덜 낮아지게 된다.

13 [s-character. 난이도 상]

해설

가. 질소의 비공유전자쌍이 오비탈이 비어있는 B에 일방적으로 제공되어 N−B의 배위결합이 이루어지므로 루이스 산−염기 반응이다.

나. 생성물에서 F−B−F의 중심원자인 B의 입체수가 4이므로 결합각은 109.5°로 120°보다 작다.

다. B−F 결합은 반응물에서나 생성물에서 모두 단일결합이지만 중심원자인 B의 혼성 오비탈은 다르다. 반응물에서는 sp^2, 생성물에서는 sp^3 혼성 오비탈이므로 각 오비탈에서의 s−character에 의해 결합길이가 달라진다. sp^2에서 s−character는 33%, sp^3에서 25%이다. s−character가 클수록 결합길이가 짧아지므로 반응물에서의 B−F의 결합길이가 생성물보다 짧다.

14 [자발성 판단. 난이도 중]

해설

모든 온도에서 자발적 과정이기 위해서는 $\Delta H < 0$, $\Delta S > 0$이어야 $\Delta G < 0$이다.

15 [완충 용액. 난이도 중]

해설

핸더슨−하셀바흐식을 이용하면,

$$pOH = pK_b + \log \frac{[BH^+]}{[B]}$$

$$pOH = 5 + \log 10 = 6 \qquad pH = 8이다.$$

16 [중화 반응과 완충 용액. 난이도 상]

해설

먼저 아세트산과 수산화나트륨의 중화 반응에 의해 아세트산 1.0몰과 아세트산이온 0.1몰이 완충용액을 구성한다. 핸더슨−하셀바흐식에 대입해보면, $pH = 4.74 + \log \frac{0.1}{1} = 3.74$이다.

17 [불용성 염의 평형과 공통이온효과. 난이도 중]

불용성염의 용해도에서 공통이온효과에 대한 문제이다.

먼저 Na_2S는 가용성 염이므로 모두 해리되므로 $[S^{2-}] = 10^{-4}M$ 이다.

$MnS(s)$	$\rightleftharpoons$	$Mn^{2+}(aq)$	$+$	$S^{2-}(aq)$
		$0\,M$		$10^{-4}\,M$
		$+s$		$+s$
		s		$s+10^{-4}$

$K_{sp} = s(s+10^{-4}) = 3.0 \times 10^{-14}$

약산법에 의해 $s \fallingdotseq 0$라고 하면, $s = 3.0 \times 10^{-10}M$

18 [불용성 염의 평형 이동. 난이도 상]

먼저 세 화학 반응이 모두 수용액상에서 일어나고 있다는 것을 알아야 한다.

① 산을 가하게 수용액상의 OH^-이 소비되므로 $C_2O_4^{2-}$의 가수분해반응이 진행되어 $C_2O_4^{2-}$가 소비되므로 ZnC_2O_4의 용해반응이 진행되므로 ZnC_2O_4의 용해도는 증가한다.

② $C_2O_4^{2-}$는 양성자를 받으므로 염기로 작용한다.

③ $C_2O_4^{2-}(aq) + H_2O(l) \rightleftharpoons HC_2O_4^-(aq) + OH^-(aq)$

$HC_2O_4^-$는 이 반응의 역반응에서 산으로 작용한다.

$HC_2O_4^-(aq) + H_2O(l) \rightleftharpoons H_2C_2O_4(aq) + OH^-(aq)$

$HC_2O_4^-$는 이 반응의 정반응에서는 염기로 작용한다.

④ $NaHC_2O_4$를 첨가하면 두 번째 반응에서 $HC_2O_4^-$의 농도가 증가하므로 역반응이 진행되어 $C_2O_4^{2-}$의 농도가 증가하게 된다. $C_2O_4^{2-}$의 농도가 증가하게 되면 첫 번째 반응의 역반응이 진행하게 되어 ZnC_2O_4의 용해도는 감소하게 된다.

19 [표준전지전위의 해석. 난이도 상]

이 문제에서 주의할 점은 주어진 반쪽전지전위가 표준 "산화"전지전위와 표준 "환원"전지전위가 혼합되어 제시된 점이다. 산화제와 환원제의 강약을 판단할 때 혼동되어서는 안된다.

ㄱ. 주의해야 하는 지문인데, 이온들 중에서 가장 강한 산화제는 이온들 중에서 표준환원전위가 가장 큰 Ag^+이다. "이온들 중에서"라는 단어가 없다면 가장 강한 산화제는 F_2이다.

ㄴ. 역시 마찬가지로 "이온들 중에서"라는 단어가 들어가 있기 때문에 "이온들 중에서" 가장 강한 환원제는 표준산화전위가 가장 큰 I^-이다. "이온들 중에서"라는 단어가 없다면 가장 강한 환원제는 Na이다.

ㄷ. 산화전위가 큰 Cd에서 산화가 일어나고 환원전위가 큰 Ag^+에서 환원이 일어난다. 기전력은 산화전위+환원전위이므로 $-0.4 + 0.8 = +0.4V$이다.

20 [침전 반응. 난이도 중]

이 반응의 화학 반응식은 다음과 같다.

$Ba(NO_3)_2(aq) + Na_2SO_4(aq) \rightarrow 2NaNO_3(aq) + BaSO_4(aq)$

① 2몰의 $Ba(NO_3)_2$과 4몰의 Na_2SO_4을 반응시키면 반응하는 몰수의 비가 1 : 1이므로 2몰의 Na_2SO_4가 남게 된다.

② 2몰의 $Ba(NO_3)_2$과 과량의 Na_2SO_4을 반응시키면 2몰의 $BaSO_4$가 생성된다.

③ 이 두 화합물이 반응하면 $BaSO_4$ 침전과 Na^+와 NO_3^-가 생성된다.

④ 황산 음이온은 침전을 형성하는 알짜 이온이다.

01	02	03	04	05	06	07	08	09	10
④	②	③	④	④	③	①	②	③	③

11	12	13	14	15	16	17	18	19	20
③	③	③	②	③	①	②	③	④	④

01 [화학식량과 몰. 난이도 상]

해설

A_2B_2 $30w$ g을 a mol, AB_n $34w$ g을 b mol이라고 할 때, 기체의 분자수의 비는

$A_2B_2 : (A_2B_2 + AB_n) = a : (a+b) = 1 : 3$이므로

$2a = b$ ...... ①이다.

실린더 속 B 원자 수비는 (가) : (나) $= 2a : (2a + nb) = 1 : 4$

이므로 $4 \times 2a = (2a + nb)$ ...... ②이므로 ①, ②에서 $n = 3$ 이다.

분자량비는

$A_2B_2 : AB_3 = 2M_A + 2M_B : M_A + 3M_B = \dfrac{30w}{a} : \dfrac{34w}{b} \equiv 30 : 17$

이므로 $M_A : M_B = 14 : 1$이다.

02 [용액의 농도. 난이도 중]

해설

(가)에서 용액의 질량은 105g, 용액의 밀도는 1.05g/mL이므로 용액의 부피는 100mL이다. (가)에 녹아 있는 용질 A의 질량은 0.3mol $\times 60$g/mol $= 18$g이다. (가)와 (나)에서 녹아 있는 용질의 질량이 서로 같으므로 (나)에서 용액의 질량(x)은 18g $\times \dfrac{100}{20} = 90$g이다.

03 [이온 반지름. 난이도 중]

해설

이온의 전자 배치가 모두 Ne과 같을 때, O, F, Mg의 이온 반지름의 크기는 $O^{2-} > F^- > Mg^{2+}$이고 각 이온의 전하는 -2, -1, $+2$이다.

따라서 $\dfrac{\text{이온 반지름}}{|\text{이온의 전하}|}$의 순서는 $F > O > Mg$이다. 따라서 B는 산소이고 산소의 바닥상태의 홀전자수는 2개이다.

04 [오비탈과 양자수. 난이도 하]

해설

$1s$, $2p_x$, $3p_x$의 주양자수와 부양자수는 다음과 같다.

오비탈	$1s$	$2p_x$	$3p_x$
주양자수(n)	1	2	3
부양자수(l)	0	1	1

ㄱ. 부양자수는 (나) > (다)이므로 (다)는 $1s$이고, 주양자수는 (가) > (나)이므로 (가)는 $3p_x$, (나)는 $2p_x$이다.

ㄴ. (다)의 자기 양자수는 0이다.

ㄷ. 에너지 준위는 (가) > (나) > (다)이다.

05 [오비탈과 양자수. 난이도 하]

해설

① $n = 4$인 에너지 준위에 존재하는 오비탈은 $4s$(1개) $4p$(3개) $4d$(5개) $4f$(7개)로 총 16개이다.

② $n = 4$인 에너지 준위에 존재하는 부껍질의 수는 $l = 0, 1, 2, 3$에 해당하는 껍질이므로 4개이다.

③ 부껍질의 각운동량 양자수 l은 각각 0, 1, 2, 3이다.

④ $4f$ 오비탈은 주양자수 $n = 4$이므로 각운동량 양자수 $l = 0, 1, 2, 3$이다. 따라서 자기 양자수 m_l은 -3, -2, -1, 0, 1, 2, 3이다.

06 [배위 결합의 산화수. 난이도 상]

해설

③ 각 원자들의 산화수의 변화가 없으므로 산화-환원 반응이 아니다. 특히 질소의 산화수가 반응 전후 -3으로 동일하다는 점을 주의해야 한다. 이 반응은 루이스 산염기 반응이다.

07 [분자의 구조. 난이도 중]

해설

XeF_4	CH_4	PCl_4^+	SF_4	$PtCl_4^{2-}$
평면 사각형	정사면체	정사면체	시소형	평면 사각형

08 [알칼리 금속. 난이도 하]

해설

㉠ Li은 2주기, K은 3주기이므로 K의 원자 반지름이 더 크다.

㉣ Li은 금속 원소, F은 비금속 원소이므로 이온 결합물을 만든다.

09 [기체의 성질. 난이도 중]

해설

ㄱ. (가)에서 $He(g)$은 부피가 변하지 않으므로 밀도가 변하지 않지만, (나)에서 $He(g)$은 부피가 증가하므로 밀도가 감소한다. $He(g)$의 밀도는 (가)에서가 (나)에서보다 크다.

ㄴ. (가)에서 $He(g)$의 압력은 증가하지만, (나)에서 $He(g)$의 압력은 변화지 않는다. $He(g)$의 압력은 (가)에서가 (나)에서보다 크다.

ㄷ. 기체의 평균 운동 에너지는 절대 온도에 비례하므로 (가)와 (나)에서 $He(g)$의 평균 운동 에너지는 같다.

10 [동적 평형. 난이도 중]

해설

①, ② $H_2O(l)$의 부피가 (나)에서 감소하였으므로 증발이 더 잘 일어났다. 따라서 온도는 $t_2 > t_1$이고, 증기압도 $P_2 > P_1$이다.

③ 온도가 높을수록 증발 속도가 크므로 H_2O의 증발 속도는 (나)에서가 (가)에서보다 크다.

④ 동적 평형상태에서는 증발 속도와 응결 속도가 같다. H_2O의 증발 속도는 (나)에서가 (가)에서보다 크므로 응결 속도도 (나)에서가 (가)에서보다 크다.

11 [고체의 결정 구조. 난이도 중]

해설

X의 결정 구조는 체심 입방 구조이고, Y의 결정 구조는 면심 입방 구조이다. X의 단위세포에 들어 있는 원자수는 $8 \times \frac{1}{8} + 1 = 2$이고, Y의 단위세포에 들어 있는 원자 수는 $8 \times \frac{1}{8} + 6 \times \frac{1}{2} = 4$이다. X에서 한 원자에 가장 인접한 원자 수는 8이고, Y에서 한 원자에 가장 인접한 원자 수는 12이다. 따라서 X와의 단위세포에 들어 있는 원자 수 비는 $X : Y = 2 : 4 = 1 : 2$이고, 한 원자에 가장 인접한 원자 수 비는 $X : Y = 8 : 12 = 2 : 3$이다.

12 [헤스의 법칙. 난이도 하]

해설

$$H_2O(l) \rightarrow H_2O(g) \qquad \Delta H = a\text{kJ} \cdots \text{㉠}$$
$$2H_2(g) + O_2(g) \rightarrow 2H_2O(l) \qquad \Delta H = b\text{kJ} \cdots \text{㉡}$$
$$\text{㉡} \times \frac{1}{2} + \text{㉠} : \frac{2a + b}{2} \text{kJ}$$

13 [분자간 인력. 난이도 중]

해설

Cl_2는 무극성 분자이지만 극성 분자인 HBr이나 HCl보다 분자량이 커서 끓는점이 더 높다. HBr도 마찬가지로 HCl보다 분자량의 영향이 더 커서 끓는점이 더 높다.

따라서 끓는점 순서는 $Cl_2 > HBr > HCl$이다.

14 [할로젠화 수소화합물의 성질. 난이도 중]

해설

①, ③ 수소 결합을 하는 HF가 끓는점은 가장 높고, 녹는점은 가장 낮다.

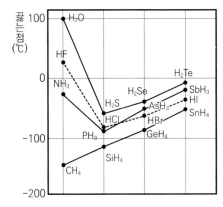

② 할로젠화 수소는 물에 녹았을 때, HCl, HBr, HI는 완전히 해리되므로 강산이나 HF는 약간만 해리되므로 약산이다.

④ 결합 길이가 가장 긴 HI가 결합 엔탈피가 가장 작다.

15 [할로젠 원소의 결합 에너지 예외. 난이도 중]

해설

결합 길이는 F_2가 Cl_2보다 더 짧지만 작은 크기로 인한 불안정한 요소로 인해 Cl_2의 결합 에너지보다 F_2의 결합 에너지가 더 작다.

16 [산의 이온화 평형과 이동. 난이도 중]

해설

ㄴ. $\dfrac{[HPO_4^{2-}]}{[H_2PO_4^{-}]} = 1$이므로 $[H_3O^+] = K_a = 6 \times 10^{-8} < 10^{-7}\text{M}$이다. 따라서 $pH = 8 - \log 6 > 7$이다.

ㄷ. 수용액에 소량의 $NaOH(s)$를 가하면 H_3O^+의 농도가 감소하므로 정반응 쪽으로 반응이 진행하여 $H_2PO_4^{2-}$의 양은 감소한다.

17 [이온쌍 에너지. 난이도 중]

해설

이 엔탈피 변화는 이온쌍 에너지에 해당된다.

이온쌍 에너지＝이온화 에너지＋전자친화도

전자친화도는 일정한데 K의 이온화 에너지가 Na의 이온화 에너지보다 작으므로 이온쌍 에너지는 감소하게 된다.

18 [가열 곡선의 해석. 난이도 중]

해설

① 가열 곡선의 기울기는 $\dfrac{1}{\text{비열}}$과 비례한다. 고체일 때의 기울기가 더 완만하므로 비열은 고체일 때가 더 크다.

② 가열 곡선에서 시간 축은 에너지에 비례한다. 융해 구간의 시간보다 기화 구간의 시간이 더 길다. 따라서 기화시킬 때의 에너지가 융해될 때의 에너지보다 더 크다.

③ 액체가 기체로 상태변화 되는 구간이므로 계의 엔트로피는 증가한다.

④ (가)는 고체 상태, (나)는 기체 상태이므로 분자 간 인력은 당연히 고체 상태인 (가)가 기체 상태인 (나)보다 더 크다.

19 [산화환원 반응식의 완성. 난이도 상]

해설

$a\text{Cu}+b\text{NO}_3^-+c\text{H}^+ \rightarrow a\text{Cu}^{2+}+b\text{X}+d\text{H}_2\text{O}$

X가 질소산화물이므로, $\text{X}=\text{NO}_x$

$3\text{Cu}+2\text{NO}_3^-+c\text{H}^+ \rightarrow 3\text{Cu}^{2+}+2\text{NO}_x+4\text{H}_2\text{O}$

구리의 산화수 변화: $0 \rightarrow 2$, 이동되는 전자의 몰수: 6몰

환원되는 전자의 몰수도 6몰, 질소 원자의 수는 2몰 따라서 질소의 산화수의 변화는 3이 되어야 하므로 $x=1$이다.

$\text{X}=\text{NO}$

$a=3$, $d=4$이므로 $\dfrac{d}{a}=\dfrac{4}{3}$이다.

20 [상평형. 난이도 상]

해설

ㄱ. (가)에서는 $t_1\,℃$에서 $\text{X}(g)$와 $\text{X}(l)$이 평형을 이루고 있으므로 (나)로부터 압력이 1기압보다 작음을 알 수 있다.

ㄴ. 고정 장치를 풀면 외부 압력이 1기압이 되므로 $t_1\,℃$, 1기압에서 가장 안정한 상은 액체이다.

ㄷ. 고정 장치를 풀고 온도를 $t_2\,℃$로 높이면 외부 압력과 같은 1기압이 되면서 액체와 기체의 2가지 상이 안정한 상태가 된다.

01	02	03	04	05	06	07	08	09	10
③	③	②	③	③	④	①	③	②	③
11	12	13	14	15	16	17	18	19	20
①	④	③	④	②	④	④	②	①	③

01 [이온결합 에너지와 이온쌍 에너지. 난이도 상]

해설

이온결합 에너지는 이온 결합력에 비례하므로 NaF의 결합길이가 더 짧으므로 $\text{NaCl}(g)$보다 이온 결합력이 더 크다. 따라서 이온 결합에너지는 NaF가 더 크다. 이온쌍에너지는 F의 전자친화도가 더 작으로 NaF의 이온쌍 에너지가 더 크다.

02 [액체의 증기압. 난이도 중]

해설

온도를 감소시키면 증기의 몰수가 감소되므로 증기의 몰수로부터 %를 구한다. 다만 증기의 몰수는 부피가 일정한 용기이므로 $n \propto \dfrac{P}{T}$이다. $100℃$에서의 증기의 몰수를 1몰로 가정하고 비례식을 세워보면,

$$1 : \dfrac{\frac{760}{760}}{373}=x : \dfrac{\frac{190}{760}}{338} \quad x=0.275\text{mol}$$

따라서, 1몰의 증기중 0.725mol이 물로 액화되었으므로 72.5%이다.

03 [주기율표. 난이도 하]

해설

② 유효 핵전하는 같은 주기에서 원자 번호가 증가할수록 증가한다. 따라서 B~D 중 유효 핵전하는 원자 번호가 가장 큰 D가 가장 크다.

04 [분자의 구조와 혼성. 난이도 중]

`해설`

ㄱ, ㄷ. 비공유 전자쌍의 위치는 반발력을 최소화하기 위해 축 방향이 아닌 적도 방향에 위치한다. 축 방향에 위치하는 경우 90° 반발이 3개, 적도 방향에 위치하는 경우 90° 반발이 2개이다.

ㄴ, ㄹ. 분자의 구조는 시소 모양이고, 적도 방향의 혼성 오비탈은 sp^2, 축 방향의 혼성 오비탈은 dp이다. 적도 방향의 혼성 오비탈인 sp^2의 $s-$character로 인한 침투 효과로 인해 적도 방향의 결합 길이가 축방향의 결합 길이보다 더 짧다.

05 [중화 반응의 평형 상수. 난이도 상]

`해설`

이 반응은 강산과 강염기의 중화 반응으로 이 반응의 알짜 이온 반응은 물의 자동 이온화 반응과 같다. 따라서 이 반응의 평형 상수는 물의 자동 이온화상수의 역수에 해당된다.

$$K = \frac{1}{K_W} = \frac{1}{1.0 \times 10^{-14}} = 1.0 \times 10^{14}$$

06 [탄소 화합물의 명명법. 난이도 중]

`해설`

연속된 가장 긴 탄소 사슬을 찾으면 탄소 9개의 사슬이 존재한다.

07 [화학 반응의 양적 관계. 난이도 상]

`해설`

황과 탄소의 연소 반응식은 다음과 같다.

$$S(s) + O_2(g) \to SO_2(g) \quad C(s) + O_2(g) \to CO_2(g)$$

S의 질량을 xg으로 한다면, S의 몰수는 $\frac{x}{32}$몰이고, SO_2의 몰수도 $\frac{x}{32}$이다.

C의 질량은 $(20-x)$g이므로, C의 몰수는 $\frac{20-x}{12}$몰이고, CO_2의 몰수 또한 $\frac{20-x}{12}$몰이다.

$$\frac{x}{32} \times 64 + \frac{20-x}{12} \times 44 = 60 \quad x = 8g$$

SO_2의 몰수도 $\frac{8}{32} = 0.25$몰이고, CO_2의 몰수는 $\frac{12}{12} = 1$몰이다.

따라서 생성된 혼합 기체의 몰수는 1.25몰이다.

08 [끓는점과 증기 압력과의 관계. 난이도 상]

`해설`

① 밀폐된 용기에서 물을 끓인다. → 밀폐된 용기이므로 증가된 증기압력이 외부압력이 되어 끓는점이 증가한다.

② 설탕을 넣어 준다. → 용액의 총괄성으로 인해 끓는점이 증가한다.

③ 외부 압력을 낮추어 준다. → 끓는점은 외부 압력과 비례하므로 외부 압력을 낮추어 주면 끓는점 또한 낮아지게 된다.

④ 끓이는 물의 양을 줄인다. → 용매의 양을 줄이더라도 증기압은 일정하므로 끓는점도 일정하다.

09 [고체의 결정 구조. 난이도 중]

`해설`

단위격자 1개의 질량은 면심 입방격자이므로 입자 4개의 질량과 같다. 따라서 단위격자의 밀도와 부피의 곱이 단위격자 1개의 질량이다.

부피를 구하면 $a^3 = (4 \times 10^{-8} \, cm)^3 = 6.4 \times 10^{-23} \, cm^3$이다.

질량은 밀도×부피에 의해

$6.0 g/cm^3 \times 6.4 \times 10^{-23} \, cm^3 = 3.84 \times 10^{-22} \, g$이다.

10 [용액의 농도. 난이도 중]

`해설`

진한 황산 1몰, 즉 98g이 필요하다. 시중에서 판매하는 진한 황산의 질량 백분율이 96%이므로 진한 황산 1몰에 해당하는 96% 황산의 양은

$98 \times \frac{100}{96} = 102g$이 필요하다. 이를 부피로 나타내면,

$$1840g : 1000mL = 102g : x \quad x = 55.5mL$$

11 [몰농도와 몰랄 농도. 난이도 중]

`해설`

① (가)의 밀도가 1g/mL이므로 1L의 질량은 1000g이고, 용질의 몰수는 1몰이므로 용질의 질량은 40g, 따라서 용매의 질량은 960g이므로 (가) 수용액의 몰랄 농도는 $\frac{1}{0.96} > 1$이다.

따라서 1M와 $1m$ 중 1M가 더 진한 수용액이므로

② 용액의 끓는점은 (가) > (나)이다.

③ 용액의 증발속도는 (가) < (나)이다.

④ NaOH의 몰분율은 (가) > (나)이다.

12 [용액의 총괄성. 난이도 하]

해설

$$입자수 = (M \times V) \times i\,(i는\ 반트호프\ 인자)$$

① 2.0M NaCl 20mL 입자수: $4 \times 10^{-3} \times 2 = 8 \times 10^{-3}$

② 0.8M C_2H_5OH 0.1L 입자수: $0.08 = 8 \times 10^{-2}$

③ 0.4M $FeCl_3$ 20mL 입자수: $8 \times 10^{-3} \times 4 = 3.2 \times 10^{-2}$

④ 0.1M $CaCl_2$ 0.3L 입자수: $0.03 \times 3 = 9.0 \times 10^{-2}$

13 [삼투압. 난이도 중]

해설

$$\pi = \rho g h$$

$$0.05atm \times 1.01325 \times 10^5 Pa/atm = 1000kg/m^3 \times 9.8m/s^2 \times h$$

$$h = 50cm$$

14 [열량계가 얻은 열량. 난이도 중]

해설

메탄올의 연소열 = 열량계가 얻은 열량 + 물이 얻은 열량

$$Q = (C + cm)\Delta t$$

$$1g \times 30kJ/g = (C + 1000g \times 4 \times 10^{-3}kJ/g℃) \times 3℃$$

$$C = 6kJ/℃$$

15 [염화나트륨 형성과 에너지. 난이도 중]

해설

ㄱ. $Cl(g)$대신 $I(g)$로 바꾸면 결합길이가 길어지고 정전기적 인력이 약해져서 이온 결합에너지인 E_3는 작아진다.

ㄴ. $NaCl(g)$의 생성열(ΔH)을 구하기 위한 홑원소 물질에 대한 에너지가 주어지지 않았으므로 구할 수 없다.

ㄷ. 이온쌍 에너지가 흡열이므로 $Na(g)$의 이온화 에너지는 $Cl(g)$의 전자 친화도보다 크다.

16 [반응의 자발성. 난이도 중]

해설

④ 자발적 반응이므로 $\Delta G < 0$이고, 분리 과정은 $\Delta S < 0$이므로 $\Delta H < 0$일 수 밖에 없다.

17 [아레니우스 식. 난이도 상]

해설

$$\ln\left(\frac{k_2}{k_1}\right) = -\frac{E_a}{R}\left(\frac{1}{T_2} - \frac{1}{T_1}\right)$$

$$\ln\left(\frac{1}{10}\right) = -\frac{E_a}{8.3}\left(\frac{1}{400} - \frac{1}{500}\right)$$

$$E_a = 38,180J/mol$$

18 [반응 속도론. 난이도 중]

해설

② 온도를 증가시키면, 가장 빈도수가 높은 분자속도를 갖는 분자들의 수는 감소하지만, 낮은 속도를 갖는 분자들의 속도가 더 많이 증가해서 전체적으로 속도가 증가하게 된다.

19 [화학 평형의 이동. 난이도 하]

해설

ㄷ. $H_2O(g)$를 제거한다. → 역반응이 진행된다.

ㄹ. $CO(g)$를 첨가한다. → 역반응이 진행된다.

ㅁ. $C(s)$를 제거한다. → 평형 이동에 영향을 미치지 않는다.

20 [기체의 용해도. 난이도 상]

해설

$$n = \frac{PV}{RT} = \frac{2 \times \dfrac{a}{1000}}{0.082 \times 273} = \frac{a}{11200}\,mol$$

$$w = \frac{a}{11200}\,mol \times 2g/mol = \frac{a}{5600}\,g$$

제7회 최종 모의고사

01	02	03	04	05	06	07	08	09	10
②	④	③	③	①	②	①	①	④	④
11	12	13	14	15	16	17	18	19	20
③	④	③	④	①	③	③	②	①	①

01 [몰농도. 난이도 하]

해설

$$M = \frac{n}{V} = \frac{\left(\frac{w}{M_w}\right)}{V}$$

$$\frac{\left(\frac{684}{342}\right)\mathrm{mol}}{4.0\mathrm{L}} = 0.5\mathrm{M}$$

02 [산염기의 세기. 난이도 중]

해설

짝산·짝염기의 관계로부터 산의 이온화 상수가 가장 작은 HCN 의 짝염기인 CN^- 염기의 이온화상수가 가장 크다.

03 [물의 이온곱 상수와 pH. 난이도 중]

해설

$$K_W = 0.45 \times 10^{-14} = 45 \times 10^{-16}$$

$$[H_3O^+] = \sqrt{K_W} \fallingdotseq 6.7 \times 10^{-8}\mathrm{M}$$

04 [포화 용액. 난이도 하]

해설

③ 일반적으로 고체 화합물의 용해 과정은 흡열이므로 용액의 온도가 올라가면 고체 화합물의 용해도는 증가한다.

05 [원자량. 난이도 하]

해설

6.02×10^{23}개의 질량이 몰질량이므로 다음과 같이 비례식을 이용해서 구할 수 있다.

$$6.02 \times 10^{23}\,\text{개} : 207\mathrm{g} = 2.55 \times 10^{23}\,\text{개} : x\,\mathrm{g}$$

$$x = 87.68\mathrm{g}$$

06 [실험식 결정. 난이도 중]

해설

탄소의 양$= 1.69 \times \dfrac{12}{44} = 0.46\mathrm{g}$

수소의 양$= 0.346 \times \dfrac{2}{18} = 0.0384\mathrm{g}$

$C : H = \dfrac{0.46}{12} : \dfrac{0.00384}{1} \fallingdotseq 1 : 1$

실험식은 CH이다.

07 [가수 분해. 난이도 상]

해설

HN_3은 약산이므로 그 짝염기인 N_3^-는 물과 가수분해 반응을 한다.

$$N_3^-(aq) + H_2O(l) \rightleftharpoons HN_3(aq) + OH^-(aq)$$

$$[HN_3] = [OH^-] = \sqrt{C \times \frac{K_W}{K_a}} = \sqrt{0.01 \times \frac{1.0 \times 10^{-14}}{1.0 \times 10^{-4}}} = 10^{-6}\mathrm{M}$$

08 [산화-환원 적정. 난이도 상]

해설

반응식을 완결하면 다음과 같다.

$$24H^+(aq) + 5Fe(s) + 3MnO_4^-(aq)$$
$$\rightarrow 5Fe^{3+}(aq) + 3Mn^{2+}(aq) + 12H_2O(l)$$

$$5Fe : 3MnO_4^- = \frac{7.22\mathrm{g}}{55.85\mathrm{g/mol}} : M \times 0.187\mathrm{L}$$

$$M = 0.414\mathrm{M}$$

09 [착이온의 평형 농도. 난이도 상]

해설

$$
\begin{array}{cccc}
Ag^+(aq) & +2NH_3(aq) & \rightleftharpoons & [Ag(NH_3)_2]^+(aq) \\
0.02\mathrm{M} & & & \\
\hline
? & 0.1\mathrm{M} & &
\end{array}
$$

Ag^+의 농도를 구하기 위해서는 $[Ag(NH_3)_2]^+(aq)$의 농도가 문제되는데, 이 반응의 평형상수가 매우 크므로 반응물인 Ag^+이 완전히 반응했다고 가정한다면 $[Ag(NH_3)_2]^+(aq)$의 농도는 0.02M라고 함이 타당하다.

따라서 평형 상수식을 이용하여 Ag^+의 농도를 구할 수 있다.

$$K_f = \frac{[Ag(NH_3)_2]^+}{[Ag^+][NH_3]^2} = \frac{0.02}{s(0.1)^2} = 1.0 \times 10^7$$

$$\therefore s = 2 \times 10^{-7}\mathrm{M}$$

10 [산화제와 환원제. 난이도 중]

가장 강력한 산화제란 환원을 잘 하는 것이므로 큰 환원 전위를 갖고. 따라서 환원 전위가 가장 큰 화학종은 Ag^+이므로 Ag^+이 가장 강력한 산화제이다.

가장 강력한 환원제란 산화를 잘 하는 것이므로 큰 산화 전위를 갖고. 따라서 산화 전위가 가장 큰 화학종은 $Cd(s)$이므로 $Cd(s)$이 가장 강력한 환원제이다.

11 [완충 용액. 난이도 중]

③ 완충 용액의 pH는 K_a에 영향을 받으므로 온도에 의존하게 된다.

$$pH = pK_a + \log \frac{[A^-]}{[HA]}$$

12 [산염기 일반. 난이도 하]

④ 약산의 짝염기는 물보다 강한 염기로 완충용액의 제조에 이용된다.

13 [중화반응의 양적 관계. 난이도 상]

$H_2PO_4^-$는 강염기인 OH^-와 중화 반응을 한다.

$$H_2PO_4^-(aq) \ + OH^-(aq) \ \rightarrow \ HPO_4^{2-}(aq) \ + H_2O(l)$$

0.04mol	0.1mol		
−0.04	−0.04	+0.04	
0.00	0.06	0.04	

생성된 HPO_4^{2-} 또한 남아있는 강염기인 OH^-와 중화 반응을 한다.

$$HPO_4^{2-}(aq) \ + OH^-(aq) \ \rightarrow \ PO_4^{3-}(aq) \ + H_2O(l)$$

0.04mol	0.06mol		
−0.04	−0.04	+0.04	
0.00	0.02	0.04	

최종적으로 용액내의 남아있는 구경꾼 이온을 제외한 화학종의 총 몰수는 0.02몰과 0.04몰의 합인 0.06몰이다.

14 [전기 분해의 양적 관계. 난이도 중]

먼저 공급된 전하량을 계산해보면,

$Q = it = 0.8A \times 15.2min \times 60s = 729.6C$

$Cu^{2+}(aq) + 2e^- \rightarrow Cu(s)$

$2mol\ e^- \times 96500C/mol : 63.5g = 729.6C : x\ g \quad \therefore x = 0.24g$

$H_2O(l) \rightarrow 2e^- + \frac{1}{2}O_2(g) + 2H^+(g)$

$2mol\ e^- \times 96500C/mol : 16g = 729.6C : x\ g \quad \therefore x = 0.06g$

15 [물에 대한 용해성. 난이도 중]

극성이 큰 물질일수록 물에 잘 녹을 것이다.

극성이 더 큰 물질은 CH_3CH_2OH와 $CHCl_3$이므로 이들이 물에 더 잘 녹을 것이다.

16 [용액의 제조. 난이도 하]

1M NaOH 용액 100mL를 만들려면 NaOH 0.1몰, 즉 4g을 녹여야 한다. 20% 용액 20g에 100mL의 물을 가하면 된다.

17 [평형 상수와 평형 농도. 난이도 하]

이 반응에 대한 평형 상수를 표현해보면, 고체와 액체 상태는 표현되지 않으므로 $K = [CO_2]$이다. 따라서 이산화탄소의 농도는 평형 상수 값과 같다.

$$[CO_2] = 3.35 \times 10^{-3} mol/L$$

18 [이온 반지름. 난이도 중]

F와 F^- : F^-가 전자간의 반발력으로 인해서 반지름이 더 크다.
O^{2-}와 F^- : 등전자이온으로 양성자가 작은 O^{2-}가 반지름이 더 크다. 따라서 $F < F^- < O^{2-}$ 순서가 된다.

19 [평형 상수와 기전력. 난이도 상]

평형 상수와 기전력 관계는 평형 상태일때의 네른스트식을 이용하여 구할 수 있다.

$$E = E^\circ - \frac{0.0592}{n} \log Q$$

평형인 경우, $E = 0.00 V$, $Q = K$이므로

$$0 = E^\circ - \frac{0.0592}{n} \log K \qquad \therefore K = 10^{\frac{n \times E^\circ}{0.0592}}$$

위 화학 전지의 기전력은,

$$E^\circ = E^\circ_{ox} + E^\circ_{re} = 0.76 + 0.8 = 1.56 V$$

이동하는 전자의 몰수는 2몰이므로, 평형 상수 $K = 10^{\frac{2 \times 1.56}{0.0592}}$ 이다.

20 [농도차 전지의 기전력. 난이도 상]

농도차 전지이므로 표준 상태에서의 기전력은 $0.00 V$이다. 여기에 네른스트식을 적용해서 기전력을 구할 수 있다.

$$E = 0.00 V - \frac{0.0592}{2} \log\left(\frac{0.01}{0.1}\right) = +0.03 V$$

제8회 최종 모의고사

01	02	03	04	05	06	07	08	09	10
②	①	④	③	④	④	④	④	①	④
11	**12**	**13**	**14**	**15**	**16**	**17**	**18**	**19**	**20**
②	④	④	③	④	①	②	④	③	②

01 [물질의 분류. 난이도 하]

포도당은 화합물이며 분자이다.
플러렌은 홑원소 물질로 분자 결정이다.
염화나트륨은 화합물이며 이온 결합 물질이다.

02 [원자의 구성 입자. 난이도 하]

원자 또는 이온	A	B	C	D	E	F
	^{10}B	N^{3-}	K^+	Zn^{2+}	Br^-	^{11}B

① 탄소의 다이아몬드와 흑연은 동소체 관계이고, A와 F는 동위 원소이므로 같은 관계라고 할 수 없다.

03 [오비탈과 마디 수. 난이도 상]

오비탈		각마디 수(l)	방사마디 수($n-l-1$)
(a)	$3d$	2	0
(b)	$3p$	1	1
(c)	$4s$	0	3

④ 헬륨과 네온의 양성자 수가 다르므로 에너지 준위가 같을 수 없다. 네온의 양성자수가 더 많으므로 더 낮은 에너지를 갖는다.

04 [전자배치의 원리. 난이도 하]

① a는 $2s$ 오비탈이고, b는 $2p$ 오비탈이므로 오비탈의 에너지 준위는 $b > a$이다.
② a의 주 양자수는 2이고, 부 양자수는 0이므로 주 양자수+부 양자수는 2이다.
③ b의 전자들의 스핀 방향이 모두 위쪽을 향하므로 전자들의 스핀 양자수는 모두 같다.
④ b의 전자들의 자기 양자수의 종류는 -1, 0, $+1$로 3가지이다.

05 [이온의 반지름. 난이도 중]

해설

K^+의 전자수는 18개, $Rb^+(37)$, $Sr^{2+}(38)$, $Br^-(35)$의 전자수는 36개로 등전자이온이다. 이중 Br^-의 원자번호가 가장 작으므로 이온의 크기는 가장 크다.

06 [오비탈과 전자수. 난이도 중]

해설

원자	B	C	N	O	F
전자가 들어있는 p 오비탈수	1	2	3	3	3
홀전자 수	1	2	3	2	1
원자가전자 수	3	4	5	6	7
	(다)	(나)	(라)	(가)	(마)

ㄷ. 제2 이온화 에너지는 F이 O보다 원자번호는 크지만 예외에 해당되므로 O가 F보다 더 크다.

07 [분자의 구조. 난이도 상]

해설

④ IF_5의 구조는 사각뿔로 F－I－F의 결합각이 비공유 전자쌍의 영향으로 $90°$보다 작은 $82°$로 뒤틀려 있으므로 결합 길이가 모두 같지는 않다.

08 [화학식량과 몰. 난이도 중]

해설

기체	분자식	분자량
(가)	AB_4	16
(나)	C_2	32
(다)	AC_2	44

① AC_2의 분자량이 44이므로 22g은 0.5몰이므로 $x = 0.5$이다.

② A ~ C의 원자량을 각각 $a \sim c$라고 하면 $a + 4b = 16$ $2c = 32$ $a + 2c = 44$에서 $a = 12$, $b = 1$, $c = 16$이다. 따라서 원자량 비는 A : C = 3 : 4이다.

③ B_2C의 분자량은 18이므로 6g에 들어있는 총 원자수는 $\frac{1}{3}mol \times 3 = 1$몰이다.

④ AC_2의 분자량은 44이다.

09 [이상기체와 실제기체. 난이도 하]

해설

일정 온도와 압력에서 이상기체에 가까운 기체는 분자간 인력이 작아야 한다. 수소가 무극성 분자이고 분자량도 가장 작으므로 이상기체에 가장 가까운 성질을 나타낸다.

10 [이성분 혼합 용액의 증기압. 난이도 중]

해설

ㄱ. ㄹ. $P_b^\circ > P_t^\circ$이므로 벤젠의 끓는점은 톨루엔보다 낮다.

ㄴ. 주어진 그래프로부터 벤젠의 몰분율이 증가할수록 전체 증기압이 증가함을 알 수 있다.

ㄷ. 순수한 용매에 용질이 첨가되면 순수한 용매의 증기압은 당연히 감소한다.

11 [흡열 반응과 발열 반응. 난이도 하]

해설

① $\Delta H > 0$인 것은 ㉡과 ㉢으로 2가지이다.

② ㉠은 발열 반응이며, 발열 반응은 반응물의 엔탈피 합이 생성물의 엔탈피 합보다 크다.

③ 질산암모늄이 물에 녹을 때 차가워지는 것은 열을 흡수하기 때문이므로 ㉡은 흡열 반응이다.

④ 알코올의 증발은 기화 현상이므로 물리적 변화이다.

12 [반응 속도. 난이도 중]

해설

실험 (가)와 (나)를 비교하면 A의 농도가 2배가 되었을 때, 초기 반응 속도는 4배가 되므로 A의 2차 반응이다.

① 초기 반응 속도는 (다)에서가 (가)에서의 9배이다. A의 2차 반응이므로 (다)에서 [A]는 (가)에서의 3배이고 a는 0.015이다.

② A의 2차 반응이므로 반응 속도식은 $v = k[A]^2$이다.

③ $k = \dfrac{7.5 \times 10^{-4} M/s}{0.005^2 M^2} = 30 M^{-1} \cdot s^{-1}$이다.

④ 이 반응은 2차 반응이므로 반감기는 점점 증가한다.

13 [화학 평형 이동. 난이도 중]

해설

④ 25℃에서 각 기체의 부분 압력이 1기압일 때 $Q = 1$로 $Q < K$이므로 정반응이 자발적이다.

14 [상평형. 난이도 상]

해설

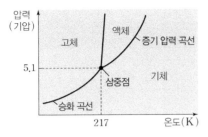

평형 I은 $CO_2(g)$와 $CO_2(s)$가 상평형을 이루고 있으므로 이는 상평형 그림에서 승화 곡선상에 있으므로 $P_1 < 5.1$이고, $T_1 < 217$이다.

평형 II는 $CO_2(g)$와 $CO_2(l)$가 상평형을 이루고 있으므로 이는 상평형 그림에서 증기 압력 곡선상에 있으므로 $P_2 > 5.1$이고, $T_2 > 217$이다.

① $P_2 > 5.1$이다

② $T_1 < 217 < T_2$, $P_1 < 5.1 < P_2$이므로
$T_1 \times P_1 < T_2 \times P_2$이다. 즉, 작은 값끼리 곱한 것과 큰 값끼리 곱한 것을 비교해보면 당연히 큰 값끼리 곱한 것이 더 크다.

③ P_1기압에서 승화점은 T_1K이다. T_2K는 승화점인 T_1K보다 높으므로 P_1기압, T_2K에서 CO_2의 가장 안정한 상은 기체이다.

④ 융해 곡선은 양의 기울기를 갖는다.

15 [pH와 pOH의 관계. 난이도 중]

해설

$[OH^-]$가 $\frac{1}{10}$배이면 pH는 1만큼 작고, $[OH^-]$가 10배이면 pH는 1만큼 크다.
(가)에서 NaOH 0.001몰(=0.04g),
(다)에서는 NaOH 0.4g이다.
(나)에서 수용액의 부피가 (가)의 10배이므로
$[OH^-]$는 (나)가 (가)의 $\frac{1}{10}$배이다.
따라서 pH는 (나)가 (가)보다 1만큼 작다.
$[OH^-]$는 (다)가 (가)의 10배이다.
따라서 pH는 (다)가 (가)보다 1만큼 크다.
pH는 (가)가 (나)보다 1만큼 크고 (다)가 (가)보다 1만큼 크므로 (다)의 pH－(나)의 pH=2이다.

16 [산의 이온화. 난이도 중]

해설

① $K_a = \dfrac{[A^-][H_3O^+]}{[HA]} = 10^{-6}$

$[H_3O^+] = [A^-]$이므로

$[H_3O^+]^2 = 10^{-6}$ $[H_3O^+] = 10^{-3}$ $pH = 3$

$\therefore x = 3$

② $[H_3O^+] = 10^{-3.5} = [A^-]$

$\dfrac{(10^{-3.5})^2}{[HA]} = 10^{-6}$ $[HA] = 0.1M$

용해된 HA의 질량이 같다는 것은 몰수가 같다는 것이다.
$$M_가 = 10M_나$$
$$\dfrac{0.1mol}{0.1L} = 10 \times \dfrac{0.1mol}{V}$$ $V = 1L = 1000mL$

③ (가)에 $NaA(s)$를 소량 넣으면 A^-의 농도가 증가하므로 역반응쪽으로 평형이 이동한다. 따라서 $[H_3O^+]$가 감소하므로 pH는 증가한다.

④ 산의 이온화 반응은 흡열 과정이므로 온도를 증가시키면 정반응이 진행된다.

17 [화합물의 산화수. 난이도 하]

해설

H_2O, H_2O_2, O_2, OF_2 순서대로 -2, -1, 0, $+2$이다.

18 [전하량 보존의 법칙. 난이도 중]

해설

X^{2+}이다.

• Y 첨가하는 경우

$X^{2+}(aq)$	$\rightarrow$	$Y^{n+}(aq)$
-1		$+2$

전하량은 보존되어야 하므로 $n = +1$이다.

• Z 첨가하는 경우

$X^{2+}(aq)$	$+$	$Y^{n+}(aq)$	$\rightarrow$	Zn^{m+}
-2		-2		$+3$

전하량은 보존되어야 하므로 $m = +2$이다.

ㄱ. Y가 전자를 잃고 양이온이 되었으므로 Y가 산화되었고 따라서 Y는 환원제이다.

ㄴ. Z가 전자를 잃고 양이온이 되었으므로 Z가 Y보다 반응성이 크다.

ㄷ. ● : ■ = 2 : 2 = 1 : 1이다.

19 [전기 분해의 양적 관계. 난이도 하]

$$Cu^{2+}(aq) + 2e^- \rightarrow Cu(s)$$
$$(2 \times 96500)C : 64g = x\,C : 25.6g$$
$$x = 77,200C$$

20 [착화합물. 난이도 하]

② $x - 2 = +1$
  $x = +3$

제9회 최종 모의고사

01	02	03	04	05	06	07	08	09	10
④	①	①	④	③	②	③	①	②	③

11	12	13	14	15	16	17	18	19	20
④	①	③	④	④	②	④	④	④	④

01 [원소와 주기율표. 난이도 하]

① A ~ F 중 금속 원소는 C, E 2가지이다.

② B는 He으로 비활성기체이다.

③ C는 E보다 크기가 작아서 핵과 전자 사이의 인력이 크기 때문에 전자를 잃기 어렵다.

④ C는 붉은색, E는 노란색으로 불꽃 반응으로 구별할 수 있다.

02 [원자의 구성 입자. 난이도 하]

$A = {}^{14}N$ $B = {}^{16}O^{2+}$ $C = {}^{14}C$ $D = {}^{12}C$

㉠ C의 양성자수가 6개이므로 원자번호는 6이다.

㉡ $B = {}^{16}O^{2+}$

㉢ A와 C는 질량수는 14로 같다.

㉣ B와 D는 양성자수가 다르므로 동위원소가 아니다.

03 [오비탈과 주양자수. 난이도 하]

① 주양자수가 n일 때, 가능한 각운동량 양자수(l)는 $0, 1, 2, , n-1$이다. 따라서 주양자수(n)가 3일 때, 가능한 각운동량 양자수(l)는 0, 1, 2이다.

04 [원소의 주기적 성질. 난이도 중]

(가) 전자를 잃어서 양이온이 되었으므로 A, B는 3주기 금속 원소이다.

(나) 등전자 이온이므로 양성자수가 많을수록 이온 반지름이 작다. 양성자수가 가장 많은 것은 원자번호가 가장 큰 B이다.

(다) 비금속성이 클수록 전기음성도가 크므로 C이다.

05 [화학식량과 몰. 난이도 중]

해설

① O_2 4g은 $\frac{1}{8}$ 몰이다. 같은 부피라 하였으므로 기체 X 도 또한 같은 몰수이므로 X 1몰의 질량은 48이다.

② 밀도와 분자량은 비례하므로 $M_X : M_{O_2} = 48 : 32 = 1.5 : 1$ 이다.

③ 기체 분자의 수는 (가)와 (나)의 부피가 같으므로 같다.

④ X 는 산소로만 이루어져있으므로 O_3 라고 예측할 수 있다. 따라서 산소 원자의 개수비는 (가) : (나) $= 3 : 2$ 이다.

06 [아보가드로의 법칙. 난이도 중]

해설

온도와 압력이 일정할 때 기체의 부피는 종류에 관계없이 기체의 분자수에 비례한다. 따라서 두 기체의 몰 수비는 $X_2Z_2 : Y_2Z_4 = 3 : 2$ 이다.

X_2Z_2 9.0g의 부피가 $3V$ L이므로 1g의 부피는 $\frac{V}{3}$ L이다. 같은 온도와 압력 조건에서 기체 V L에 해당하는 분자의 양을 $n\,mol$ 이라하면,

$$\frac{X_2Z_2 \; 1\,g에 \; 들어 \; 있는 \; 전체 \; 원자의 \; 양(mol)}{Y_2Z_4 \; V\,L에 \; 들어 \; 있는 \; 전체 \; 원자의 \; 양(mol)} 은$$

$$\frac{X_2Z_2 \; \frac{n}{3}\,mol에 \; 들어 \; 있는 \; 전체 \; 원자의 \; 양(mol)}{Y_2Z_4 \; n\,mol에 \; 들어 \; 있는 \; 전체 \; 원자의 \; 양(mol)} 과$$

같으므로

$$\frac{\frac{n}{3} \times 4}{n \times 6} = \frac{2}{9} 이다.$$

07 [용액의 농도. 난이도 상]

해설

혼합 용액의 몰수는 혼합 전 용액의 몰수의 합과 같다. 12.5% 황산 용액의 질량을 W 라고 하면, 이 용액의 질량은 $12.5 \times W$ 이라고 할 수 있으므로 방정식을 세우면 다음과 같다.

$12.5W + 77.5 \times 200 = 19 \times (W + 200)$ $W = 1800$

19% 황산 용액의 양은 $W + 200 = 1800 + 200 = 2000$ kg이다.

08 [염산의 성질과 반응. 난이도 중]

해설

㉠ $A(aq)$ 는 $HCl(aq)$ 이므로 전해질이다. 따라서 전기 전도성이 있다.

㉡ B 는 H_2 이다.

㉢ 전하수가 큰 양이온이 생성되었으므로 전하량이 보존되기 위해서는 반응후의 이온수는 반응전보다 감소되어야 한다.

$$Mg(s) + 2HCl(aq) \rightarrow MgCl_2(aq) + H_2(g)$$

09 [반데르발스 방정식. 난이도 하]

해설

a 는 분자간 인력을 보정하는 상수로 분자간 인력이 클수록 a 값이 크다.

수소 결합하는 NH_3 가 가장 인력이 크고 나머지 세 분자들은 모두 무극성 분자이므로 분자량이 클수록 분자간 인력이 크다. 따라서 $NH_3 > CO_2 > N_2 > H_2$ 순이 된다.

10 [원자의 전자 배치. 난이도 하]

해설

① A 의 원자가전자 수는 최외각껍질의 전자수가 5개이므로 5개이다.

② B 의 $2p$ 오비탈의 전자는 스핀 양자수가 같으므로 파울리 배타 원리에 위배된다.

③ C 의 양성자 수는 6개이다.

④ A 와 C 는 바닥상태에서 홀전자 수는 3개, 2개로 다르다.

11 [화학 평형과 이동. 난이도 상]

해설

① 온도가 증가할 때 평형상수도 증가하였으므로 이 반응은 흡열 반응이다.

② 온도가 다른 경우 평형상수도 다르므로 압력 또한 다르다.

③ 반응물의 계수의 합과 생성물의 계수가 같으므로 압력을 증가시켜도 평형은 이동되지 않는다.

④ $He(g)$ 를 주입하게 되면 강철용기이므로 전체 압력은 증가하지만 몰분율이 감소하게 되므로 부분압력은 변하지 않는다.

12 [중화 반응. 난이도 중]

해설

$n_{H^+} = 12\,\text{mmol}$ $n_{OH^-} = 9.6\,\text{mmol}$

중화 반응후 남은 몰수는 $n_{H^+} = 2.4 \times 10^{-3}\,\text{mol}$, 용액의 부피는 0.2L이므로

$$[H^+] = \frac{2.4 \times 10^{-3}\,\text{mol}}{0.2\text{L}} = 1.2 \times 10^{-2}\text{M}$$

$pH = 2 - \log 1.2$ $\log 1.2$가 1보다 큰 값이므로 pH는 2보다 작다. 2보다 작은 값을 갖는 것은 ①밖에 없다.

13 [완충 용액의 pH. 난이도 상]

해설

$n_{HLac} = 1.0 - 0.2 = 0.8\,\text{mol}$ $n_{Lac^-} = 1.0 + 0.2 = 1.2\,\text{mol}$

핸더슨–하셀바흐식을 이용하면,

$$pH = 4 + \log\left(\frac{1.2}{0.8}\right) = 4 + (\log 3 - \log 2) = 4 + (0.48 - 0.3)$$

$$= 4.18$$

14 [화합물의 산화수. 난이도 하]

해설

(가) -1 (나) $+1$ (다) -1 (라) $+2$

15 [분자의 결합각. 난이도 중]

해설

$H_2O\,(104.5°) < NH_3\,(107°) < CH_4\,(109.5°) < BeF_2\,(180°)$

16 [니켈 착화합물의 분자 구조. 난이도 상]

해설

Ni은 약한장 리간드와 결합하는 경우 정사면체 구조를, 강한장 리간드와 결합하는 경우($[Ni(CN)_4]^{2+}$) 평면사각형 구조를 형성한다.

17 [끓는점 비교. 난이도 상]

해설

먼저, 결합의 종류를 판단해서 분류해보면, MgO와 NaF은 이온 결합 물질이고, H_2O, CH_4, Ne은 공유결합 물질로 분자들이다. 화학 결합이 분자간 인력보다 크므로 끓는점은 이온 결합 물질이 분자보다 높다. 이온 결합 물질 중에서는 전하량의 곱이 더 큰 MgO가 NaF보다 더 끓는점이 더 높다. 분자들중에서는 수소 결합하는 H_2O이 더 높고 CH_4와 Ne는 무극성 분자로 분산력이 존재하는데 표면적이 더 큰 CH_4가 Ne보다 더 높다.

$$MgO > NaF > H_2O > CH_4 > Ne$$

18 [염의 가수분해. 난이도 상]

해설

(가)의 염은 NH_3와 HNO_3의 중화 반응에 의해 생기며, 이온화되는 수소나 수산화 이온이 없으므로 정염이고, 가수 분해하면 약한 산성을 나타낸다. (나)의 염은 NaOH과 H_2CO_3의 중화 반응에 의해 생성되며, 이온화하는 수소가 있으므로 산성염이지만, 가수 분해하면 약한 염기성을 나타낸다. (다)의 염은 염기성 염이고, 물에 녹으면 강한 염기성이 된다.

19 [종합 문제. 난이도 하]

해설

① (가)에서 NH_3는 양성자를 얻었으므로 염기이다.

② (나)는 홑원소 물질 있으므로 산화수의 변화가 있어 산화환원반응이다.

③ (다)에서 H의 산화수는 0에서 $+1$로 증가한다.

④ (가)에서 결합각은 NH_3가 NH_4^+보다 크다.

NH_3는 $107°$, NH_4^+는 $109.5°$로 결합각은 NH_4^+가 NH_3보다 크다.

20 [산화환원 반응식의 완성. 난이도 중]

해설

반쪽 반응식을 완성해보면 다음과 같다.

$$5Fe^{2+} \rightarrow 5Fe^{3+} + 5e^-$$

$$MnO_4^- + 8H^+ + 5e^- \rightarrow Mn^{2+} + 4H_2O$$

① $b+c$는 $5+4 = 9$이다.

② 과망가니즈산 이온(MnO_4^-)에서 Mn의 산화수가 $+7$에서 $+2$로 감소되었으므로 환원되었다.

③ 수소 이온(H^+)은 산화수의 변화가 없으므로 산화제도 환원제도 아닌 촉매이다.

④ 5몰의 철(Ⅱ)이온이 철(Ⅲ)이온으로 변할 때 반응하는 과망가니즈산 이온과의 계수의 비가 5 : 1이므로 과망가니즈산 이온의 몰수는 1몰이다.

제10회 최종 모의고사

01	02	03	04	05	06	07	08	09	10
④	④	③	③	④	③	①	④	①	①
11	12	13	14	15	16	17	18	19	20
②	①	③	①	④	②	②	③	②	①

01 [동위 원소. 난이도 하]

해설

④ 동위원소란 양성자수는 같지만 중성자수가 달라서 질량수가 다른 원소이다.

02 [물리적 변화와 화학적 변화. 난이도 하]

해설

ㄴ. (가)~(다)는 모두 반응 후 처음과는 전혀 다른 화학적 성질을 갖는 물질로 변하기 때문에 화학 변화에 해당한다.

ㄷ. Ⅲ에 속하는 반응식, (나)에서 Fe_2O_3, CO, CO_2는 2가지 이상의 성분으로 이루어진 순물질이므로 화합물이고, Fe은 1가지 성분으로 이루어진 순물질이므로 원소이다.

ㄱ. 반응물과 생성물에 있는 원자의 종류와 총 수가 같아야 하므로 A에 들어갈 물질의 화학식은 NH_3이다. 따라서 NH_3는 4원자 분자이다.

03 [전자 배치. 난이도 중]

해설

전자들이 1개의 오비탈에 쌍을 이루어 들어가는 것보다는 에너지 준위가 같은 여러 개의 오비탈에 각각 따로 들어가는 것이 전자 사이의 반발력이 작아서 더 안정하므로 A는 바닥상태, C는 들뜬 상태이다. 그리고 $2p_x$, $2p_y$, $2p_z$ 오비탈은 모두 에너지 준위가 같으므로 $2p_x$ 오비탈이 아닌 $2p_y$ 오비탈에 전자가 들어있는 B도 바닥상태이다.

04 [원소의 주기적 성질. 난이도 중]

해설

같은 주기에서 오른쪽으로 갈수록 유효핵전하량이 증가하여 핵과 전자사이의 정전기적 인력이 증가하므로 원자 반지름은 감소하고, 이온화 에너지는 증가하고 전기음성도도 증가한다.

05 [2차 이온화 에너지의 비교. 난이도 상]

해설

① 같은 주기에서 Mg의 유효핵전하가 Na보다 더 크기 때문에 Na의 원자 반지름은 Mg보다 더 크다.

② 등전자 이온이므로 Mg의 유효핵전하가 Na보다 더 크기 때문에 Na^+의 이온 반지름은 Mg^{2+}의 이온 반지름보다 크다.

③ Na의 2차 이온화는 $2p$오비탈에서 전자를 제거하고, Mg의 2차 이온화는 에너지준위가 더 높은 $3s$ 오비탈에서 전자를 제거하므로 Na의 2차 이온화 에너지는 Mg의 2차 이온화 에너지보다 크다.

$$Na^+: 1s^2 2s^2 2p^6 \quad Mg^+: 1s^2 2s^2 2p^6 3s^1$$

④ 등전자 이온이므로 Mg의 유효핵전하가 Na보다 더 크기 때문에 Na의 2차 이온화 에너지는 Mg의 3차 이온화 에너지보다 작다.

$$Na^+: 1s^2 2s^2 2p^6 \quad Mg^{2+}: 1s^2 2s^2 2p^6$$

06 [원소의 주기적 성질. 난이도 중]

해설

(가) 전기 음성도가 가장 작은 원소는 K이다.

(나) 제1 이온화 에너지가 가장 큰 원소는 He이다.

(다) 원자 반지름이 가장 큰 원소는 K이다.

따라서 (가)~(다)에 해당하는 원소의 원자 번호의 합은 $19+2+19=40$이다.

07 [분자 궤도 함수. 난이도 상]

해설

먼저, 주어진 그림으로부터 화학종은 반자기성임을 알 수 있다. 따라서 각 화학종의 전자수를 확인해보면, C_2^-는 13개, CN^-, N_2, NO^+는 14개로 같다. 14개의 전자를 분자 궤도함수에 배치하게 되면 반자기성임을 N_2로부터 알 수 있고, 전자수가 13개인 C_2^-는 상자기성을 나타낸다.

08 [동종 이원자 분자의 자기적 성질. 난이도 중]

해설

2주기 동종 이원자의 분자의 자기적 성질에서 B_2와 O_2만 상자기성이고 나머지 분자들은 모두 반자기성이다.

제10회 최종모의고사 **75**

09 [단위 격자의 입자수. 난이도 중]

해설

단위 격자에 존재하는 입자수를 알아보면,

- 금속(M) 양이온(작은 공 모양): $\frac{1}{8} \times 8 + \frac{1}{2} \times 6 = 4$

- 비금속(X) 음이온(큰 공 모양): $1 \times 4 = 4$

$M : X = 1 : 1$이다.

10 [화학 반응의 양적 관계. 난이도 상]

해설

$$n_{\text{K}} = \frac{11.5\text{g}}{39.1\text{g/mol}} = 0.294\text{mol}$$

$$n_{\text{Cl}_2} = \frac{PV}{RT} = \frac{0.293 \times 8.2}{0.082 \times 293} = 0.1\text{mol}$$

$2\text{K}(s)$	+	$\text{Cl}_2(g)$	$\rightarrow$	$2\text{KCl}(s)$
0.294mol		0.1mol		
-0.2		-0.1		$+0.2$

$$w_{\text{KCl}} = 0.2\text{mol} \times 74.5\text{g/mol} = 14.0\text{g}$$

11 [헤스의 법칙. 난이도 중]

해설

$$\Delta H = -③ - \left(① \times \frac{1}{2}\right) - \left(② \times \frac{1}{2}\right)$$

$$\Delta H = -(1118.4) - \left(-544.0 \times \frac{1}{2}\right) - \left(-1648.4 \times \frac{1}{2}\right)$$
$$= -22.2\text{kJ}$$

12 [산의 세기. 난이도 상]

해설

$\text{N}_2\text{H}_5^+ + \text{NH}_3 \rightleftharpoons \text{NH}_4^+ + \text{N}_2\text{H}_4 \cdots ①$

$\text{NH}_3 + \text{HBr} \rightleftharpoons \text{NH}_4^+ + \text{Br}^- \cdots\cdots ②$

$2\text{NH}_4 + \text{HBr} \rightleftharpoons \text{N}_2\text{H}_5^+ + \text{Br}^- \cdots ③$

먼저 HBr은 강산이다.

평형이 모두 오른쪽에 치우쳐 있으므로 정반응이 우세한 반응이다. 따라서 산의 세기는,

①식으로부터 $\text{N}_2\text{H}_5^+ > \text{NH}_4^+$

②식으로부터 $\text{HBr} > \text{NH}_4^+$

③식으로부터 $\text{HBr} > \text{N}_2\text{H}_5^+$임을 알 수 있다.

따라서 산의 세기 순서는 $\text{HBr} > \text{N}_2\text{H}_5^+ > \text{NH}_4^+$이다.

13 [화합물의 산화수. 난이도 중]

해설

NaH처럼 수소가 금속과 결합하는 경우에 수소의 산화수는 -1이다.

14 [분자의 구조. 난이도 중]

해설

XeF_4의 구조는 평면 사각형이다.

CH_4와 PCl_4^+는 정사면체, SF_4는 시소형, PtCl_4^{2-}가 평면 사각형이므로 같은 분자구조를 갖는 화합물의 총 개수는 1개이다.

15 [화학식량과 몰. 난이도 상]

해설

ㄴ. (가)에서 CO_2 6L는 $\frac{6\text{L}}{24\text{L 몰}^{-1}} = 0.25$몰,

(다)에서 $\text{C}_6\text{H}_{12}\text{O}_6$ 45g은 $\frac{45\text{g}}{180\text{g mol}^{-1}} = 0.25$몰로 분자수는 (가)와 (다)가 같다.

ㄷ. H_2O 1몰에 포함된 산소 원자는 1몰이고, $\text{C}_6\text{H}_{12}\text{O}_6$ 45g에 포함된 산소 원자는 0.25몰 $\times 6 = 1.5$몰이다.

ㄱ. (가)의 CO_2 6L는 0.25몰로 질량은 $11\text{g}(= 0.25$몰 $\times 44\text{g mol}^{-1})$이고, (나)의 H_2O 1몰의 질량은 18g으로 질량은 (나)가 (가)보다 크다.

16 [화학 반응식의 완성. 난이도 하]

해설

(가) 3 (나) 3 (다) 1

17 [이동한 전자의 몰수. 난이도 상]

해설

(나) 화학 반응식의 계수를 완성하면

$3\text{MgBr}_2 + 2\text{Al} \rightarrow 2\text{AlBr}_3 + 3\text{Mg}$이다. (가)에서 1몰의 MgBr_2이 반응하면 2몰의 Br^-이 Br_2이 되면서 1몰의 Cl_2가 Cl^-이 되므로 이때 이동한 전자는 2몰이다. (나)에서는 3몰의 MgBr_2이 반응하면 3몰의 Mg^{2+}이 Mg이 되면서 2몰의 Al이 Al^{3+}이 되므로 이때 이동한 전자는 6몰이다. 즉 (가)와 (나) 모두 MgBr_2 1몰당 전자 2몰이 이동하므로 같은 양의 MgBr_2이 반응할 때 이동하는 전자의 몰수는 같다.

18 [황의 산화수. 난이도 하]

해설

	SO_2	H_2S	S	H_2SO_4
S의 산화수	$+4$	-2	0	$+6$

(가)와 (나)의 반응물과 생성물에서 S의 산화수 중 가장 작은 값(㉠)은 H_2S의 -2이고 가장 큰 값(㉡)은 H_2SO_4의 $+6$이다.

19 [가수 분해. 난이도 중]

해설

① $KClO_4$: K^+ -nothing ClO_4^- -nothing → 중성

② NH_4I: NH_4^+ -물보다 강한 산, I^- -nothing → 산성

③ Na_3PO_4: Na^+ -nothiong, PO_4^{3-} -물보다 강한 염기 → 염기성

④ $NaCl$: Na^+ -nothiong, Cl^- -nothing → 중성

20 [화학 전지의 기전력. 난이도 중]

해설

$E^\circ = E_{ox}^\circ + E_{re}^\circ$

$0.62V = E_{ox}^\circ + 0.34V$ $E_{ox}^\circ = +0.28V$

산화 전극의 표준 환원 전위는 $-0.28V$이다.

( )년 ○○공무원 ○급 공개경쟁채용 필기시험 답안지

컴퓨터용 흑색사인펜만 사용

책형	

(필적감정용 기재)
*아래 예시문을 옮겨 적으시오.
본인은 ○○○(응시자성명)임을 확인함
기 재 란

	성명	
	자필성명	본인 성명 기재
	응시직렬	
	응시지역	
	시험장소	

응시번호

생년월일

※시험감독관 서명
(성명을 정자로 기재할 것)
채점 확인란 사용

제 회

문번				
1	①	②	③	④
2	①	②	③	④
3	①	②	③	④
4	①	②	③	④
5	①	②	③	④
6	①	②	③	④
7	①	②	③	④
8	①	②	③	④
9	①	②	③	④
10	①	②	③	④
11	①	②	③	④
12	①	②	③	④
13	①	②	③	④
14	①	②	③	④
15	①	②	③	④
16	①	②	③	④
17	①	②	③	④
18	①	②	③	④
19	①	②	③	④
20	①	②	③	④

(동일한 형식의 제 회 답란이 총 5개 반복됨)

( )년 ○○공무원 ○급 공개경쟁채용 필기시험 답안지

컴퓨터용 흑색싸인펜만 사용

성명	
자필성명	본인 성명 기재
응시직렬	
응시지역	
시험장소	

책형

(필적감정용 기재)
*아래 예시문을 옮겨 적으시오.
본인은 ○○○(응시자성명)임을 확인함

기 재 란

※시험감독관 서명
(성명을 정자로 기재할 것)

책임 감독관 서명

생년월일

응시번호

문번	제			회
1	①	②	③	④
2	①	②	③	④
3	①	②	③	④
4	①	②	③	④
5	①	②	③	④
6	①	②	③	④
7	①	②	③	④
8	①	②	③	④
9	①	②	③	④
10	①	②	③	④
11	①	②	③	④
12	①	②	③	④
13	①	②	③	④
14	①	②	③	④
15	①	②	③	④
16	①	②	③	④
17	①	②	③	④
18	①	②	③	④
19	①	②	③	④
20	①	②	③	④

문번	제			회
1	①	②	③	④
2	①	②	③	④
3	①	②	③	④
4	①	②	③	④
5	①	②	③	④
6	①	②	③	④
7	①	②	③	④
8	①	②	③	④
9	①	②	③	④
10	①	②	③	④
11	①	②	③	④
12	①	②	③	④
13	①	②	③	④
14	①	②	③	④
15	①	②	③	④
16	①	②	③	④
17	①	②	③	④
18	①	②	③	④
19	①	②	③	④
20	①	②	③	④

문번	제			회
1	①	②	③	④
2	①	②	③	④
3	①	②	③	④
4	①	②	③	④
5	①	②	③	④
6	①	②	③	④
7	①	②	③	④
8	①	②	③	④
9	①	②	③	④
10	①	②	③	④
11	①	②	③	④
12	①	②	③	④
13	①	②	③	④
14	①	②	③	④
15	①	②	③	④
16	①	②	③	④
17	①	②	③	④
18	①	②	③	④
19	①	②	③	④
20	①	②	③	④

문번	제			회
1	①	②	③	④
2	①	②	③	④
3	①	②	③	④
4	①	②	③	④
5	①	②	③	④
6	①	②	③	④
7	①	②	③	④
8	①	②	③	④
9	①	②	③	④
10	①	②	③	④
11	①	②	③	④
12	①	②	③	④
13	①	②	③	④
14	①	②	③	④
15	①	②	③	④
16	①	②	③	④
17	①	②	③	④
18	①	②	③	④
19	①	②	③	④
20	①	②	③	④

문번	제			회
1	①	②	③	④
2	①	②	③	④
3	①	②	③	④
4	①	②	③	④
5	①	②	③	④
6	①	②	③	④
7	①	②	③	④
8	①	②	③	④
9	①	②	③	④
10	①	②	③	④
11	①	②	③	④
12	①	②	③	④
13	①	②	③	④
14	①	②	③	④
15	①	②	③	④
16	①	②	③	④
17	①	②	③	④
18	①	②	③	④
19	①	②	③	④
20	①	②	③	④